심 화 집 단

-실제세계, 학생-주도적인 학습을 위한 실제적인 지침-

Enrichment Clusters:

A Practical Plan for Real-World, Student-Driven Learning

Joseph S. Renzulli · Marcia Gentry · Sally M. Reis 지음

이미순 옮김

박학사

Enrichment Clusters:
A Practical Plan for Real-World, Student-Driven Learning
by Joseph S. Renzulli · Marcia Gentry · Sally M. Reis

Translated and Adapted for use by Korean Educators by Mi-Soon Lee

Printed in Korea
ISBN 978-89-91633-37-7

역자 서문

1970년 초에 시행한 중학교 무시험진학과 고교평준화 제도에 따른 평등성 교육의 여파로 우수 인재양성에 소홀하다는 사회적 비판을 받게 되면서, 수월성 교육에 대한 관심이 증대되고 국가적으로 교육경쟁력을 강화하기 위해 영재교육 및 일반 학교에서의 수월성 교육을 제고하는 교육프로그램의 운영 필요성을 제기하게 되었다. 이에 교육인적자원부는(2004) "창의적 인재 양성을 위한 수월성 교육 종합대책"을 발표하였고, 2010년까지 전체 초중고생의 5%인 40만 명에 이르는 학생에게 수월성 교육을 추진할 예정임을 보고한 바 있다. 이에 우리나라도 사회 및 교육적으로 영재교육 관련 정책을 수립하고, 적극적으로 이를 추진하는 한편, 영재교육 이론과 실제에 관한 이해를 도모함으로써, 그간 영재교육이 소수의 학생만을 위한 "엘리트주의(Elitism)"라는 비난에서 벗어나 사회와 국가 발전에 이바지하는 "사회적 자본(Social Capital)"을 개발한다는 시각을 전개할 시점에 이르게 되었다.

이 책은 Renzulli, Gentry와 Reis(2003)의 『Enrichment Clusters: A Practical Plan for Real-World, Student-Driven Learning』을 번역한 것이다. 특히, Renzulli 박사는 미국 코네티컷 대학의 교육심리학과 교

수였으며, 미국국립영재연구소의 소장으로 영재교육에 대한 많은 독창적인 이론을 제시하였다. 그 중 영재성의 세 고리 개념, 영재판별모형 및 삼부심화학습 등은 우리나라에 소개된 이 후 많은 영재 교수-학습 프로그램의 이론적 토대를 제시하고 있다.

기존 영재교육에 관한 책들과 비교할 때, 이 책은 학교 현장에서 실제적으로 적용할 수 있는 지침과 방향을 구체적이며 융통적으로 소개한다. 이는 Renzulli 박사 및 그의 동료들이 오랫동안 이론과 실제를 학교 현장에 도입하고 적용하는 연구를 하였기 때문이다. 그러나 이 책에서 제시한 지침 및 방향을 그대로 우리나라 여건에 적용할 수 없으므로, 우리나라 실정에 맞는 영재교육 이론과 실제를 정착시키기 위한 영재교육 실무자, 즉 행정가, 교사 및 부모들의 노력과 열정을 기대한다.

이 책에서 소개하는 심화집단(Enrichment Cluster)은 학생이 주도하는 학습경험으로 실제세계에서 볼 수 있는 문제점에 근거하여 학습내용과 방법을 숙지할 수 있도록 돕는다. 심화집단은 단순히 학생들만 참여하는 집단 활동이 아니라 교사 및 지역사회의 참여까지 권장한다. 이 책의 주요 내용을 대략적으로 살펴보면, 1장에서는 심화집단의 특징 중 하나인 학생 주도적인 학습의 중요성을 강조한다. 2장과 3장은 심화집단의 정의를 8개 지침을 통해 소개하고, 단계적으로 프로그램 실시과정을 다룬다. 4장에서는 직접 심화집단을 개발하는 방법을 다루며, 5장은 심화집단을 실시하는 스탭의 역량개발과 프로그램 평가를 소개하고, 마지막 6장에서는 그동안 실시하였던 심화집단의 효과에 대한 연구를 제시한다.

코네티컷 대학에서 공부하는 중에 우리나라 영재교육에서 제일 필요한 사항이 무엇인지 고심하게 되었고, 교육 현장에서 영재를 지도하는 교사를 위한 자료가 부족하다는 현실을 접하게 되었다. 이상의 역자의 고심에 대해 Renzulli 박사는 흔쾌히 우리나라의 영재교육을 담당하는 교사를 위해 여러 권의 책을 우리나라 실정에 맞게 번역하고 수정할 수 있도록 배려해 주셨다. 이 자리를 빌어 Renzulli 박사의 지원과 격려에 감사드리고 싶다. 또한 심화집단의 한 예로 제시한 장영실 과학고등학교의 Art Science Inquiry와 처음부터 끝까지 원고를 교정해 주신 고려대학교 최원경 선생님, 이 책의 출판을 허락해 준 도서출판 박학사 사장님과 편집부에 진심어린 감사를 드리면서, 책에 어린 정성과 노력만큼 우리나라의 영재교육이 발전하길 기원한다.

2007년 5월

이미순

차 례

도표 차례

제 1 장

갑자기 나는 왜 교직에 몸담았는지 기억했다. 그렇지만 이 사실을 잊고 있었고 심지어 내가 잊고 있었다는 것도 모르고 있었다. 그리고 나서 어떻게, 무엇을 가르쳐야 할지 항상 생각하고 있었음도 기억했다.

—어느 중학교 심화집단 연구프로젝트 교사

가르치는 자유

대부분 교사는 무엇을 어떻게 가르칠지 한번쯤 생각해 본다. 남북전쟁 당시 지하철도를 통해 흑인노예들을 탈출시키는 이야기에 흥미를 보이는 학생과 함께 있는 사신을 그려보았을 것이다. 과학적 수수께끼에 대한 자료를 열심히 수집하는 학생들과 일련의 숫자 사이에 의미를 파악하곤 "아하"를 연발하는 학생을 그려보았을 것이다. 창의적인 이야기나 과학프로젝트로 칭찬을 들을 때 학생의 얼굴에 나타나는 기쁨을 그려보았을 것이다. 그리고 자신이 쓴 희곡이 상연될 예정이고, 이 작품에 대한 창의적인 생각이 옛날 선생님 수업에서 시작되었다는 졸업생의 전화로 감동을 받는 자신을 떠올렸을 것이다.

그렇지만, 교직에 대한 도전성과 꿈은 매일 반복되는 일상과는 다르다. 오늘날 교실에서 볼 수 있는 현실과 이상 간의 가장 역설적인 괴리감은 바로 옛날 꿈꾸었던 교직에 몸담으려는 기술습득과 동기에서 찾아볼 수 있다. 불행히도, "위에서 내려온" 규정목록과 요구사항 때문에 관행적으로 실시해왔던 교수접근법을 고수하게 되고 창의적이고 흥미진진한 교실을 만들어 보고자 하는 노력은 좌절된다. Linda Darling-

Hammond의 연구(1997년)에 의하면, 대부분 교사들은 자신이 갖고 있는 좋은 교사상이 실제 학군이 원하는 교사상과 다르다고 느낀다. 이 연구에 참여한 79% 교사들은 학생과 학습에 대한 관심을 좋은 교사의 핵심으로 언급한 반면, 학군(교육청) 또한 이와 같은 교사상을 원하고 있다고 보고한 교사는 단지 11%에 지나지 않았다. 상당수 교사들(75%)은 학교 관리자들이 학생중심과 구성주의 이론보다는 행동주의 이론을 선호한다고 생각한다.

본 지침서를 통해서, 오늘날 대부분 교실에서 볼 수 있는 학습활동이 근간으로 삼는 접근법과는 상이한 이론과 실질적인 지침을 살펴볼 것이다. 이것은 "학생-주도적인 학습"(student-driven learning)으로서 보다 창의적인 교수법을 소개하기 위해 심화집단을 개발하게 되었다. 학생이 중심이 되어 흥미와 실제로 사용할 수 있는 산출물의 개발을 지향하는 심화집단은 지식전달과 표준화된 테스트를 통해서 지적 성장을 도모할 수 있다는 주장에 도전하는 여러 연구들에 기초한다(Gentry, Reis, & Moran, 1999; Reis & Gentry, 1998). 미리 규정되어 있고, 교과서-주도적이며, 표준화 되어 있는 교수법이 모두 나쁘다고 주장하는 것도 아니며, 전국 성취검사점수를 향상하자는 현 국가적 운동을 비난하는 것도 아니다. 우리가 생각하는 바람직한 교육은 학생들이 자신의 능력, 흥미 및 학습스타일을 개발할 수 있도록 정규적이며 체계적인 기회를 제공하여 미리 규정되어 있는 교육과정과 균형을 이루는 것이다. 이와 같은 균형은 직접 해 보는 조사활동과 높은 수준의 창의적인 생산활동에 참여하는 기회는 물론 즐거움과 협동에 우선순위를 두는 분위기 속에서 성취되어야 한다. 심지어 외부에서 결정되어 "위에서 아래로 내려오는" 현 교육과정 추세에도 불구하고, 교사들은 자신이 꿈꾸어왔던 이상과 비슷한 방식으로 가르칠 기회를 가져야 한다. "교과서 행정가와 내 재능 및 창의성을 인식하지 못하는 체계의 희생양이 되는데 지긋지긋했어요. 심화집단은 내가 꿈꿔왔던 것을 할 수 있는 기회를 주었어요"라고 교사들은 말한다.

심화집단 프로그램을 개발한 주된 목적은 한 주 동안에 학생-주도적인 학습과 교수활동을 할 수 있도록 시간과 장소를 마련하는 데 있다. 전반적인 교육과정에 이와 같은 학습유형을 보다 더 주입하고자 하지만, 외부 압력이 너무 강해서 바로 많은 변화를 유도하기는 어렵다. 교육적 변화는 핵심보다는 오히려 주변에서, 즉 학생 흥미에 초점을 두고 책임을 질 때, 일어난다. 주변에서 일어난 성공적인 변화는 핵심으로 갈수록 사그라진다. 심화집단에 대한 연구(6장 참조)에서, 교사들은 심화집단을 촉진할 때 사용하던 많은 책략들을 정규교실의 교수실제에 접목하여 적용함을 볼 수 있었다. 창의적인 학교모델 적용 및 추진과 같은 책략을 통해서, 교실에서 일어나는 놀라운 변화를 볼 수 있다.

학생-주도적인 학습의 중요성

학생-주도적인 학습은 귀납적인 학생 접근법에 기초하여, 연역적인 학습모델의 결과로 파생된 기본지식과 기술을 적용하고, 확대할 기회를 제공한다. 본 목적은 연역적 학습을 제거하자는 것이 아니라 대신, 연역적 학습과 귀납적 학습 간에 균형을 이루자는 것이다. 귀납적 학습을 학교에 도입하는 것은 중요하다. 첫째, 학교는 직업세계와 성인세계로 동화되는 과정에서 잠깐 들르는 장소가 아니라 학생들이 참여하고 싶은 즐거운 장소가 되어야 한다. 둘째, 학교는 지적, 창의적 및 효과적으로 생활에 참여하고 준비하는 장소가 되어야 한다. 효과적으로 생활에 참여하고 준비한다는 것은 여러 대안적인 정보원과 행동과정을 분석, 비판하고 선택하는 방법을 배우고; 예측할 수 없는 사람 및 대인관계 문제에 효과적으로 대처하고; 개인적인 태도, 신념과 가치체계를 유지하면서 사람들과 조화롭게 지내고; 구조적이며 창의적인 방식으로 문제 및 상황에 직면하고, 명료화하고, 행동하는 것이다.

미국에는 두 가지 학교체계가 있다. 가난하고 소수집단을 위한 학교체계로서 일반적으로 고등교육을 받을 정도로 성취가 향상되거나 발달하지 않고, 생활수준도 높지 않은 자들을 위한 체계이다. 주로 보상과 교정모델에 초점을 맞추며, 많은 개혁예산을 들여서 이들 체계가 지닌 학교문제를 해결하고자 시도하지만 긍정적인 결과는 매우 미비하다.

반면에, 중산층 백인 학생을 위한 학교체계는 풍족하고 성공적이다. 여기에 문제가 있다: 끊임없는 주 규제, 외부에서 규정된 교육과정 및 "점수 올리기" 압력으로 인해 두 학교체계 모두 점점 매우 규정화된 현학적인 교수모델을 사용하게 되었다. 그 결과, 학교는 계속 가난한 학생에게 높은 수준의 학습기회를 배제하고 있으며, 장래 국가적으로 기여할 학교의 바람직한 면들을 점차 억누르고 있다.

창의적이고 능률적인 사람들이 민주적 생활방식은 물론 사회 경제적 및 문화적 성장을 좌우하기 때문에 학생-주도적인 학습은 중요하다. 신제품과 혁신적인 사업활동은 보다 좋은 생활방식에 기여할 많은 직업과 문화적 풍부함을 가져온다. 창의적인 사고자와 문제해결자가 소수라고 해서, 이들이 출현하여 발달할 기회를 허용하지 않고 가난으로 학생의 재능을 개발하지 않고 방치할 수는 없다. 모든 학생들에게 그들의 독특한 재능과 잠재력의 개발기회를 주고, 이 과정에서 다른 사람의 가치를 무시하고 최소화하지 않으면서 건설적인 삶을 유도할 수 있도록 기회를 부여해야 한다. 기본적인 기술학습의 중요성을 무시하는 것이 아니다. 재능개발, 리더십 및 창의적인 생산성을 증진하는 교수와 학습에 투자하지 않고서는, 제3세계 국가 같은 교육체계로 전락할지도 모른다.

학습이론 101: 단기 과정

교사들은 교육심리 과정에서 여러 학습이론을 공부한다. 그러나 비공식 연구조사에 의하면, 교사들이 이들 이론에 대해 기억하고 있는 바는 거의 없다; 기억한다고 해도 대부분 그 과정에서 배운 것과 교실상황 사이에서 관련성을 찾지 못한다. 그렇지만 몇 가지 학습이론은 교실상황과 관련이 있으므로 이 점을 살펴볼 필요가 있다(심화이론에서 말하는 "상위-목적 학습정의"에 대한 학습이론을 보다 자세히 알고 싶을 경우 www.sp.uconn.edu/~nrcgt/sem/semart.html 참고 바람).

학습이론 101으로 시작해 보자. 모든 학습은 한쪽 끝, 연역적 혹은 현학적 접근법에서 다른 쪽, 귀납적 혹은 구성주의적 접근법으로 연결되는 연속선상에 존재한다. 이 연속선은 모든 연령의 학습자에게 적용할 수 있으며-어린아이에서부터 박사과정 학생까지, 모든 교육과정 활동에도 적용된다. 또한 학교 밖 상황에서 발생하는 학습, 예를 들어, 학생과 성인이 직업에 필요한 새로운 기술을 획득하고자 할 때, 혹은 부엌, 정원, 지하 워크숍에서 일할 때도 적용된다. (물론, 특정 접근법은 연속선상의 양끝에 위치할 수도 있다. 그러나 연역적 그리고 귀납적 학습의 주요 특징을 규명하고자, 이 두 모델을 상반되는 것으로 취급할 것이다.) 학습과 교수에 대한 두 모델은 전반적인 학습과정에서 중요하다. 그러므로 잘 균형 잡힌 학교 프로그램은 이 두 연속선상의 양끝을 결합하는 접근법뿐만 아니라 기본기술과 상위-목적 접근법을 모두 균형적으로 사용해야 한다.

연역적 학습모델

연속선 양쪽을 정의하는 이론을 지칭하는 용어가 많지만, 이 책에서는 연역적 모델(Deductive model)과 귀납적 모델(Inductive model)로 언급할 것이다. 연역적 모델은 형식적인 학습을 추구하는 교실에서 쉽게 볼 수 있으며 대부분 것들에 지침을 제공하는 익숙한 모델이다. 반면에, 귀납적 모델은 전형적으로 형식적인 학교상황 밖에서 발생하는 학습을 나타낸다. 이 두 유형의 차이를 이해하는 좋은 방법은 실제상황에서 새로운 자료와 기술을 배우는 방법을 전형적인 교실에서 배우는 방법과 비교하는 것이다. 교실은 상대적으로 고정된 시간표와 부분으로 나눠진 과목과 주제, 미리 기술되어 있는 정보와 활동, 발달 사항을 결정하는 테스트와 등급으로 특징지어진다. 물론 그밖에 교실은 교육과정 개발자, 교과서 출판사와 표준화 목록을 준비하는 위원회가 중요시 하는 정보와 기술을 동화하고 습득해야 하는 필요성에서 비롯된 조직 패턴이 특징이다. 현 학습이 미래 문제, 과정, 직업세계 혹은 삶에 대한 전이가치를 갖는다는 점이 연역적 모델의 가정이다.

연역적 학습은 주로 학습공장 모델 혹은 인간 공학개념에 기초한다. 기저가 되는 심리이론은 행동주의로서 Ivan Pavlov, E. L. Thorndike와 B. F. Skinner의 모델이 있다. 이 모델은 자극을 선택적으로 제시함으로써 바람직한 반응을 창출하는 것에 주안점을 두고, 교육상황에서 구조화된 훈련을 통해 지식과 기술획득을 추구한다. 연역적 모델에 기초한 교육과정에서는 무엇을 어떻게 가르칠 것인지 조사한다. 무엇을 가르칠 것인가에 대한 문제는 고전적 혹은 기본 교육과정을 강조하는 보수적 입지에서부터 현재 필요한 지식과 생활적응 경험을 포괄하자는 개방저 관점(예: 운전교육, 성교육, 컴퓨터문학)에 이르기까지 논쟁이 되고 있다. 전반적으로, 미국학교는 사회에서 발생하는 변화를 효과적으로 가르치고 적응시키고 있다. 빠르게 변화하는 직업세계가 요구하는 기술에 대한 관심으로 기술 분야와 후기-산업사회에 필요한 직업에 학생을 준비시키느라 교육과정 변화를 가속하고 있으며, 특히 사고기술, 간학문적 교육과정 접근법과 학습과정에서 기술을 보다 강조하게 되었다. 이들 변화는 바람직한 발달이지만, 연역적 모델은 무엇을 그리고 어떻게 가르칠 것인가 규제함으로써 여전히 학습을 제한한다.

비록 대부분 학교들은 전통적인 반복과 연습을 넘어서는 학습기술을 가르치고 있지만, 지배적인 교수모델은 미리 기술된 것이거나 사전에 제시된 것이다. 교과서, 교육과정 지침 및 기본목록들은 무엇을 가르쳐야 하는지를 규정하고 있으며, 이러한 자료들은 미리 결정되어 직선적, 계열적으로 학생들에게 제시된다. 교육자들은 창의성을 발휘하여 구조화된 연역적 모델을 탈피하여 발견학습, 시뮬레이션, 협동학습, 연구조사 훈련, 문제기초 학습과 개념학습 같은 접근법을 사용하고 있다. 최근 들어 쌍방향 컴퓨터 공학을 이용하여 시뮬레이션 문제해결까지 시도한다. 비록 일부 접근법들이 전통적인 내용기초 연역적 학습보다 적극적이고 즐겁게 학습하도록 유도한다고 하지만, 그 기저에는 학생이 배워야 할 정보와 사고과정을 어느 정도 미리 기술하고 있다. 연역적 모델은 미리 기술해 놓은 방향으로 학생을 유도함으로써 직접적인 교육효과를 성취한다. 위에서 언급한 바와 같이, 연역적 모델에 "잘못된" 점은 없지만, 학습자의 역할을 제한하여, 그들의 흥미와 학습스타일의 차이를 고려하지 않으며, 진정한 연구조사자로서 보다는 레슨 학습자와 연습생으로 규정한다.

귀납적 학습모델

귀납적 모델은 형식적인 교실상황 밖에서, 예를 들어, 연구실험실, 예술가의 작업실과 극장, 영화와 비디오 작업세트, 기업사무실, 서비스 대행업체 및 실제적인 교육과정 외 활동 등에서 발생하는 학습을 말한다. 귀납적 학습과 관련된 용어들은 John Dewey, Maria Montessori와 Jerome Bruner에서 도출되었다. 이들 이론가들이 주장하는 학습은 다음의 세 가지 조건이 특징인 조사활동과 창의적인 활동에서 얻는 지식과 기술획득으로 요약할 수 있다. 첫째, 주제와 문제에 개인적인 의미가 있다-학생들은 하고 싶어서 활동을 한다. 둘째, 비록 전문가에 비해 좀 낮은 수준의 조사방법이긴 하지만, 실제 전문가들이 사용하는 조사방법을 사용하여 창의적인 산출물을 만든다. 셋째, 학생들이 만든 산출물 및 서비스는 항상 특별한 청중에게 영향을 줄 의도를 갖고 시작한다. 귀납적 학습상황의 정보(내용)와 기술(과정)은 바로 배워야 하고 수행해야 하는 당위성에 기초한다.

예를 들어, 옷 입는 방식과 십대 이성교제에 대한 집단태도 차이를(예: 성, 학년, 학생 대 성인) 조사하는데 홍미가 있다면, 배경지식이 필요하다. 이와 비슷한 연구에서 무엇을 알 수 있는가? 국가마다 경향이 다른가? 다른 국가에서도 옷 입는 방식과 십대 이성교제 문제에 대해 연구를 하였는가? 어디서 이들 연구들을 찾을 것인가? 질문지를 개발하고, 평정척도 및 인터뷰 스케줄을 세우고 적절한 양식으로(예: 문어적, 통계적, 그래프, 구어적, 극적구성 등) 결과를 기록, 분석하고 보고하는 방법을 배워야 한다. 마지막으로, 잠재적으로 이 문제에 홍미를 가질 청중을 파악하고, 적절하게 결과를 발표하고(청중의 이해수준에 따라), 출판과 발표할 기회를 찾는 방법을 알고 있어야 한다. 사소하고 중요해 보이지 않는 지식과 기술이라도 양질의 산출물을 준비하는데 필요하다. 목적과 평가(점수화라기보다는)를 지향하는 자료, 정보, 스케줄 및 과정의 계열은 산출물과 서비스의 질을 결정짓는다. 연구실험실 학습에서 도출되는 학습은 바로 현재 사용을 위한 것이다. 그러므로 새로운 정보를 찾고, 실험을 실시하고, 결과를 분석하거나 보고서를 준비하는 것은 미래보다는 바로 현재에 초점을 맞춘다. 그러나 문제속성과 향후 있을 알지 못하는 방해물 때문에 프로젝트에 할애할 시간을 미리 결정할 수 없다.

학습이론 101 요약

형식적인 교육을 추구하는 방식은 주로 연역적 모델에 근거한다. 학교생활을 떠올려보면 기본적인 언어와 산수를 제외하고, 일상활동에서 거의 사용하지 않고 애매모호한 미래 상황을 위해 많은 자료를 학습하였다. 유명한 장군, 기하공식, 주기율표와 실제상황에 적용하지 않는 채 학습하는 식물의 각 부분은 대개 빨리 잊혀진다. 이전에 학습한 정보가 중요하지 않다고 말하는 것이 아니라 앞으로 사용하려면 학습하는 것이 학생에게 의미 있고, 관련성이 있으며, 지속력이 있어야 되는데 학생과 별개로 학습되기 때문에 그 효과가 낮아진다.

반면에 귀납적 학습은 학습자 레퍼토리의 보다 지속적인 구조에 학습자료와 사고기술을 통합함으로써 현재의 내용과 과정을 사용하는데 초점을 둔다. 보다 지속적인 구조라 함은 미래까지 사용할 수 있는 가장 큰 전이가치를 갖는다. 내용과 구조를 그 맥락상황에서 학습할 때, 인위적이고 테스트를 위해 사전에 짜여진 학습보다 지식과 문제해결 책략을 의미 있게 사용하는 결과를 가져온다. 하고 싶은 영역과 활동을 선택하는 귀납적 학습경험을 갖는다면 그리고 그 경험들이 현실적이고 개인적으로 목적이 있는 것이라면 학습은 그 나름의 관련성과 의미를 창출하게 된다.

형식적인 교실상황 밖에서 중요한 내용과 기술을 학습하려면, 학교에 실제세계를 접목하는 학습차원과 방식을 살펴보아야 한다. 그러나 학교에 새로운 것을 도입하는 것은 쉽지 않다. 많은 교육자들은 발견학습 개념이 어떻게 끝나버렸는지 그리고 어떻게 사고기술과 창의적인 사고가 내용기초 교육과정을 특징짓는 비슷한 유의 공식과 미리 기술해 놓은 활동으로 희생되었는지, 그리고 심지어 현재 각광을 받는 컴퓨터와 온라인 학습이 어떤 면에선 전자 학습지 학습에 지나지 않는지 잘 알고 있다. 그러나 만일 교육자들이 인터넷 및 여러 매체를 이용하여 정보를 찾으려 한다면, 이상의 자원들을 이용하여 귀납적 학습경험을 시도할 수 있다.

학생-주도적인 학습

학생-주도적인 학습의 본질을 이해하기 위해, 전통적인 학습과 실제상황에서 새로운 자료 및 기술을 배우는 사람을 비교해 볼 수 있다. 대다수 교실은 교실 밖에서 부가하는 정보와 기술을 습득하고 동화해야 한다는 필요성에 따라 움직이는 조직적인 패턴이 특징이다. 이와 같은 학습유형을 연구실험실, 기업사무실 혹은 영화작업실에서 벌어지는 자연스런 상황과 비교해 보자. 목적 지향적인 자원, 정보, 스케줄, 사건 및 새로운 자료를 검색하고, 실험을 실시하고, 결과를 분석하고, 보고서를 준비하는 것들은 먼 미래보다는 현재 정보를 사용하는데 주안점을 둔다. 바로 현재 사용할 수 있는 것이 미래에 사용할 수 있는 가장 큰 전이가치를 갖는다. 진짜 상황 맥락에서 내용과 과정을 학습할 때, 구조화되고 미리 기술된 교실상황에서 학습하는 것보다 정보와 문제해결 책략을 의미 있게 사용할 수 있다. 요컨대, 학생-주도적인 학습은 다음의 두 가지 개념을 귀납적 학습모델에 적용한다: (1) 상위-목적 학습(High-end learning)과 (2) 자주 사용되는(그리고 과용되기도 하는), 즉 실제-세계 문제(Real-world problem)이다.

상위-목적 학습(High-end Learning)의 정의

상위-목적 학습은 여러 철학자 및 이론가의 연구에 근거한다(예: John Dewey, Albert Bandura, Howard Gardner, Maria Montessori, Philip Phenix, Robert Sternberg, E. Paul Torrance, Alfred North Whitehead[1)]). 이들 이론은 소위 "상위-목적 학습"이라고 하는 개념을 만들었다. 이 개념을 정의하기 위해서, 다음의 네 가지 원리를 살펴볼 수 있다.

1. 각 학습자는 서로 다르므로 개별 학습자의 능력, 흥미와 학습스타일을 고려하여 모든 학습경험을 조사한다.
2. 학습하는 것을 즐길 때 학습은 효과적이다. 결과적으로 다른 목적과 마찬가지로 즐거움을 반영할 수 있도록 학습경험을 구조화하고 평가한다.
3. 실제와 현 문제맥락에서 내용(예: 지식)과 과정(예: 사고기술, 연구조사방법)을 학습할 때 학습은 의미 있고 즐겁게 된다. 그러므로 개별학생에게 문제를 선택할 기회를 부여하고, 문제관련성과 연구하기로 선택한 문제를 개별화할 수 있도록 돕는 책략에 관심

---

1) 이상의 이론가들의 연구를 살펴보는 것은 본 저서의 영역을 벗어난다: 각 이론가의 주요 개념과 이론적 기여점을 *Schools for Talent Development*(Renzulli, 1994, p. 203)에 소개하였다.

을 갖는다.

4. 상위-목적 학습에 일부 형식적인 교수를 사용할 수 있으나 본 접근법의 주된 목적은 학생 스스로 구조화(student construction)한 지식과 기술을 적용하면서 교사 지도(teacher instruction)를 통해 지식과 사고기술의 습득을 확대하는 것이다.

보다 심화집단 목적에 대해 의문을 품을 수 있다. "상위-목적 학습을 정의하는 특별한 기술은 무엇이고 어떻게 이들 기술은 전통적인 현학적 학습목적과 다른가?" 이상의 질문에 대답하기 위해, 연역적 접근법보다는 귀납적 접근법을 사용한다—즉, 목적과 결과에 대한 이론적 문헌 및 기대하는 바를 목록으로 작성하기보다는 집단에서 발생하는 활동을 조사하고 학생작업과 교사참여도를 평가하고 이들 실제 경험에 기초하여 결론을 내린다.

학생활동을 주의 깊게 조사하고 심화집단 연구프로젝트에 참여한 교사에게 질문을 한 후에, 다음의 결과를 확인하였다. 모든 심화집단에서 모두 산출물을 도출하는 것은 아니며, 개인 혹은 집단마다 성취한 산출물의 수준이 다양하다. 그러나 심화집단 학습행동은 산출물의 목적을 보여주는 목록을 포괄적으로 나타낸다. 심화집단 프로그램을 기술하는 계획서에 다음의 목록을 포함하도록 제안하는 바이다. 상위-목적 학습목표가 되는 특별한 기술은 다음의 능력을 개발하는 것이다.

- 개인 및 집단에서 개인적으로 관련성을 갖는 문제를 찾고 이에 집중한다.
- 문제와 유관하고 무관한 정보를 구분하고, 정보원에서 편견을 파악하고, 사실적인 정보를 지식으로 변형하여 문제를 해결한다.
- 문제를 진술하는 과제를 계획하고, 문제를 공략하기 위해 논리적이며 실질적인 순서로 사건을 계열화하고, 자신의 활동 및 가능한

결과에 대한 대안과정을 생각한다.

- 각 참여수준별로 이해한 바를 조정하고 보다 양질의 정보수준(내용), 방법론적 기술(과정)과 인적, 물적 자원을 수집할 필요가 있는지 평가한다.
- 수집한 정보의 패턴, 관계와 불일치성을 파악하고, 이들 정보를 사용하여 문제를 진술하는 과제를 정의하고, 다른 문제와의 차이점과 유사점을 도출한다.
- 의사결정과 행동조치에 대해서 정당한 주장과 설명을 창출한다.
- 결과를 예측하고; 시간, 예산과 자원을 배분하고; 집산적인 노력에서 다른 사람의 기여점에 대해 가치를 부여하고; 집단의 공의를 위해 협동적으로 활동한다.
- 한 상황에 적용되는 문제-해결 책략을 다른 문제-해결 맥락에 적용하는 방식을 조사한다(학습의 선이).
- 여러 청중과 생생하고 전문적인 방식은 물론 여러 장르 및 양식으로 의사소통한다.

앞에서 언급한 네 가지 원리에 근거한 학습목적 및 결과를 통해서 의존적이며 수동적인 학습을 독립적이고 적극적으로 참여하는 학습으로 대체할 수 있다. 비록 대부분 보수적인 교육자들도 이들 원리에 동의하지만, 어떻게 이들 원리와 결과를 일상 학교상황에 적용할지에 대해서는 논쟁의 여지가 있다. 일부에선 아직까지 이들 원리를 이상적인 것으로 간주하고, 미리 규정된 교육과정과 연역적인 교수모델을 적용하는 학교에는 쉽게 도입할 수 없다고 생각한다. 이와 같은 이유로, 다른 활동을 강요하지 않으면서, 심화집단을 정규학교 주별 계획에 접목하는 지침을 개발, 제시하였다(3장 참조). 별도의 시간을 배정하고 지침을 따름으로써, 모든 학생은 학교 주별 계획 동안 상위-목적 학습경험에 참여할 기회를 갖는다.

상위-목적 학습의 가장 어려운 부분은 교사들로 하여금 미리 기술해 놓은 지도방안을 중지하고 전통적인 교수법 멘토와 코치가 사용하는 "조력자(guide-on-the side)" 의 역할로 대체하는 것이다. 이와 같은 역할을 수행하는 사람들은 산출물과 서비스를 개발하는 과제를 추진하는 중에, 지시가 필요할 경우에만 가르친다. 학교 연감 조언자, 드라마 클럽감독, 4-H 클럽 조언자 혹은 운동코치 같은 교육과정 외 활동에 참여하는 많은 교사들은 이미 상위-목적 학습에 필요한 기술을 갖추고 있다. 교육과정 외 활동의 기본 특징은 다음과 같다:

- 학생과 교사는 참여할 영역을 선택한다.
- 특별한 청중에게 영향을 줄 의도로 산출물 혹은 서비스를 창출한다.
- 산출물 혹은 서비스를 창출하기 위해 전문가가 사용하는 방법과 양질의 내용을 사용한다. 성인 전문가에 비해 저급한 수준에서 활동하지만, 목적은 똑같다-경험과 자원유용 범위 내에서 가능한 한 질적으로 높은 산출물과 서비스를 창출한다.

이상의 활동에서 교사의 역할은 학생들이 실제세계 문제를 찾고 집중할 때 이들을 이끌고, 내용과 방법론적 자료를 찾을 때 도움을 주고, 이들 자료 사용법을 이해하도록 돕는다. 예를 들어, 미국 북동부지역의 산성비 사건을 조사하는 심화집단에서, 교사는 현미경 분석, 슬라이드를 준비하는 방법, 마이크로 프로젝터를 사용하여 강우지 샘플에서 오염원을 파악하는 방법을 보여 준다. 새로운 기술을 획득할 때 설명 및 시범이 필요한 경우에만, 교사는 직접적으로 가르친다.

"실제-세계 문제(Real-World Problem)"의 정의

'실제-세계 문제"라는 용어를 교육 분야에서 쉽게 접할 수 있지만 정의하기는 사실 어렵다. 심화집단의 상당 부분이 실제-세계 문제를 추구하기 때문에, 가능한 한 정확한 정의를 제시하고자 한다.

심화집단은 위에서 기술한 바와 같이 상위-목적 학습을 증진하기 위해 개발되었으며 이상의 학습 서비스를 조직하고 전달하는 핵심개념이 바로 적용이다. 상위-목적 학습은 관련 지식, 연구기술, 창의 및 비판적 사고기술과 대인관계기술을 실제문제를 해결할 때 적용하는 것이다. 그러나 문제의 실제성이란 무엇인가? 실제-세계 문제를 정의하는 네 가지 기본요소가 있다.

1. 문제의 개인화(Personalization of the problem). 첫째, 실제문제는 그 문제를 추구하는 개인 혹은 집단의 개인적 참조 틀이다. 나시 말해, 문제는 무엇인가 찾아내려는 인지 및 학문적 흥미와 욕구 외에 행동으로 나타나는 내적 집착력 및 정서와 관련이 있다. 개인 혹은 집단에게 있어 실제문제는 다른 사람에겐 문제가 되지 않을 수도 있다. 예를 들어, 지구환경 경고와 도시 범죄는 만일 개인 및 집단에서 문제를 제기하고 조치를 취하지 않는다면 실제성이 떨어진다. 이와 같은 이유로 인해, 심화집단에서 추구하는 문제는 교사나 외부에서 부과하여[2] 미리 결정할 수 없다. 교사는 문제를 발견하고 집중하도록 도움을 주지만, 문제를 선택하고 추구할 방식에 대해 주요 결정을 내리는 사람은 바로 학생이다. 스스로 선택함으로써 오랫동안 산출물과 서비스를 개발할 때

---

2) 예외로 주 및 국가수준의 경진대회를 개최하는 기존 프로그램(예: Math league, 국제 미래문제해결, 오디세이 오브 마인드) 양식으로 심화집단을 구성할 수 있다. 그러나 본질적으로 학생 자발성이 기준이다.

필요한 집착력과 주인의식을 갖게 된다. 교사 및 성인들은 지침을 제시하고, 제안을 하지만, 선을 넘어서 지시를 내리지 말아야 한다. 집단 내 작업분담으로(2장에서 보다 상세히 다룸) 학생들은 문제와 산출물의 여러 면들을 상세히 다룰 수 있으며 결과적으로 나의 것이라고 도장을 찍는 기회를 갖게 된다.

2. 문제의 개방성(Open-endedness of the problem). 두 번째 실제문제의 본질은 기존 혹은 유일한 해결책이 존재하지 않는다는 점이다. 문제에 의견일치가 된 기존의 정답 혹은 알려진 책략이 있다면, 훈련연습으로 분류하는 것이 보다 타당하다. 실제-세계사건에 기초한 시뮬레이션이라고 하더라도 그 주된 목적이 미리 결정되어 있는 내용과 사고기술을 가르치는 것이라면 훈련연습이다. 전문가들은 의도한 청중의 행동, 태도 및 신념에 변화를 유도하기 위해 문제를 해결하여, 과학, 예술, 인류 및 인간 생산성의 다른 영역에 기여한다. 넓은 의미에서보다는 지엽적으로 '새로운"이란 용어를 사용할 것이다. 어린 학생들이 인류를 위해 새로운 기여를 창출할 필요는 없다. 여러 번 모사연구를 해 봄으로써 다른 사람의 작업과 달리 자료를 수집하여 상대적으로 새롭게 연구를 수행할 수 있다. 예를 들어, 지역사회 텔레비전 시청습관에 대해 자료를 수집, 분석하고 보고한 학생들은 비록 지엽적이지만, 새롭게 정보를 제시하고 있는 것이다.

3. 방법론과 내용(Authentic methodology and advanced content). 세 번째 실제문제의 요소는 수준 높은 내용에 적용하는 방법론을 사용한다는 점이다-즉, 여러 영역에서 연구 조사자와 창의적인 생산자들이 사용하는 방법, 지식 및 자료를 사용하는 것이다. 심화집단에서 학생들은 전문가들이 사용하는 지식과 내용을 적용해서 그들처럼 작업한다. 비록 성인 저널니스트, 역사학자, 예술가, 환경론자, 영화감독 및 다른

전문가에 비교할 때 낮은 수준이긴 하지만 분명히 학교에서 하는 레슨-학습자의 역할과는 다른 것이다. 귀납적 학습이 갖는 여러 목적 중 하나는 단순히 정보를 찾아 보고하는 것을 넘어서 기술을 확대 적용하는 것이므로 진정성 있는 방법을 사용하는 것이 중요하다.

심화집단에서, 전문가처럼 학생들은 의미를 구성하고 참고자료를 다룬다. 대부분 연구는 이전에 알려진 정보를 사용하지만(전문영역에서, 새로운 지식은 이미 잘 알려진 것을 다시 개요하면서 시작된다), 최종 결과는 백과사전, 인터넷 혹은 도서관 책장을 차지하고 있는 책 속에 수록되어 있는 정보를 넘어서는 창의적인 것이다.

모든 조직적인 지식은 부분적이긴 하지만 그 방법론으로 정의할 수 있으며 지침서와 매뉴얼에서 방법론을 찾아볼 수 있다. 방법론(how-to)에 대한 책들은 보고서 수준을 넘어서 연구를 수행하기 위한 열쇠이다. 다음 장에서, 방법론에 관한 책의 예와 여러 방법론적 정보를 찾아보는 방안을 살펴볼 것이다. 주제에 대한 책은 필요한 정보를 조직적으로 수록하고 있으며 인터넷과 현재 연구저널에서도 정보를 찾을 수 있다. 보다 상세한 정보를 원할 경우, 학생과 심화촉진자 모두 그 분야의 전문가에게 연락을 취한다.

지식은 그 분야 원자료가 나타내는 정보를 통해 부분적으로 정의할 수 있다. 조사 연구자는 잘 정의된 방법론을 적용하여 무질서한 낱낱의 정보에서 의미를 찾을 때, 새로운 기여점을 찾게 된다. 비록 대부분의 연구 조사가의 역량을 초보 학생연구자에게 비교할 수 없지만, 모든 지식영역은 도입 및 초보 수준의 자료수집 기회가 있기 마련이다.

4. 진정한 청중(Authentic audiences). 실제문제의 네 번째 요소는 실제 청중을 지향한다는 점이다. 전문가는 특정 청중과 소비자를 목적으로 창의적인 산출물을 만든다. 작가는 독자의 사고와 감정에 영향을 미치

고, 과학자는 질병을 치료할 보다 좋은 방법을 연구하고, 예술가는 그들의 작품을 보는 사람들의 삶을 풍족하게 하고자 작품을 만든다. 심화집단에서 학생들은 또한 실제 청중을 위해 작업할 필요가 있다. 청중은 작업이 진행되면서 바뀔 수 있지만, 작업을 지속하고 목적을 부여하는 표적의 역할을 한다. 학교 콘서트와 연극을 지도해 본 교사라면 공연 첫날을 얼마나 고대하고 잘 준비하려고 하는지 알고 있다. 잘해 보려고 하는 똑같은 욕구를 학교신문, 연감 혹은 지역사회 프로젝트에서 활동하는 심화집단에서도 찾아볼 수 있다. 청중은 어떤 의미에서 탁월해 보려는 과제 집착력과 관심에 도움이 된다.

실제 청중은 자발적으로 정보, 행사 및 서비스에 참여하는 사람들로 구성된다. 학생집단이 수행한 지역 구전역사 프로젝트를 살펴보면 실제 청중과 그렇지 않은 청중사이의 차이를 알 수 있다. 이들 학생집단이 먼저 결과를 급우에게 발표하여 먼저 발표기술을 연습한다. 그들의 진정한 청중은 지역 역사학회 회원, 지역신문과 역사학회 회보에 기재된 연구물을 읽는 사람들이다.

사고의 조립공장

연구조사자, 작가, 예술가 등 전문적인 역할을 가정한다는 점에서 창의적인 연구와 산출물 개발은 학생-주도적인 학습의 주축을 이룬다. 성인수준에 비해 낮은 수준으로 활동한다고 하지만, 학생들이 생각하고, 느끼고, 산출물과 서비스를 창의적으로 전달할 수 있는 환경을 조성해야 한다. 학생-주도적인 학습은 다음의 다섯 가지 목적을 지향해야 한다.

1. 스스로 선택한 문제와 연구영역에서 흥미, 지식, 사고기술, 창의

적인 사고 및 과제 집착력을 적용할 수 있도록 기회, 자원 및 지원을 제공한다.

2. 학문, 예술적 표현영역 및 간학문적 연구 시 사용하는 지식과 방법론을 상급 수준에서 이해한다.
3. 한 명 그 이상의 청중에게 바람직한 영향을 줄 수 있는 진정한 산출물 및 서비스를 개발한다.
4. 계획, 문제 찾기 및 집중하기, 조직기술, 자원유용, 시간관리, 협동, 의사결정과 자기-평가 영역에서 자기-주도적인 학습을 증진한다.
5. 과제집착력, 자기-확신, 창의적인 성취감과 다른 학생 및 성인과 목적 및 흥미를 효과적으로 공유하는 능력을 개발한다.

학생-주도적인 학습은 실제문제를 추구하며 기본적인 기술에서 높은 수준의 내용과 과정까지-그 모든 것을 통해서 학생이 산출물과 서비스를 개발하는 매개로서 간주해야 한다. 자동차의 각 부분이 따로 떨어져 있지만 조립공장에서 서로 연결되는 것처럼, 이와 같은 학습을 사고의 조립공장으로서 생각해야 한다. 학습은 내용, 과정과 개인적인 참여를 적용하고 합성하는 것이다. 학생의 역할은 레슨-학습자에서 일차적인 연구자로서 전환되며, 교사의 역할은 지시자 및 지식 배포자에서 코치, 자료 수집가, 멘토와 때론 동료로 바뀐다. 이상의 학습환경을 창출하는 데 산출물이 중요한 역할을 하지만, 인지적, 정서적 및 동기적 과정을 포괄적으로 개발하고 적용하는 것이 주요 목적인 것이다.

핵심 자료

심화집단을 통해 추구하는 보다 큰 목적을 이해하기 위해서 학생-주도적인 학습 이면에 있는 학습이론과 사고를 간단히 살펴보았다. 비록 처음에 변화 그 자체가 위협적으로 보이지만, 개념과 관련 서비스에 대해 교직원, 행정가 및 부모의 공감을 얻었고, 특별한 서비스 전달절차를 개발하고, 전문성 개발 및 자료를 제공함으로써 상당한 성공을 이뤄냈다.

심화집단은 일반적인 계획-소위 학교전체 심화모델(the Schoolwide Enrichment Model-SEM, Renzulli & Reis, 1997)의 일부로서 모든 학생의 재능과 잠재력을 개발하는 것이 목적이다. 학교전체 심화모델은 심화집단과 독립적으로 개발, 실시하였지만, 그 기저 이론, 연구 및 실제적인 방법들은 이상의 공동목적에 기초하여 연속적인 서비스를 확대하고 배경정보를 얻으려는 프로그램 개발자에게 유용하게 사용될 수 있다. 다음의 핵심자료를 통해서 학교전체 심화는 물론 SEM에 대한 정보를 얻을 수 있다.

- Reis, S. M., Burns, D. E., & Renzulli, J. S. (1992). ***Curriculum compacting. The complete guide to modifying the regular curriculum for high-ability students.*** Mansfield: Center, CT: Creative Learning Press.
  정규교육과정을 제거함으로써 보다 도전적인 심화 및 속진학습 활동을 위한 시간을 마련하는 방안을 소개한다.
- Renzulli, J. S. (1997). ***Interest-A-Lyzer family of instruments: A manual for teachers.*** Mansfield: Center, CT: Creative Learning Press.
  6개 흥미평가도구를 통해서 학생의 현재 및 잠재적인 흥미를 조사하고 학생 흥미를 해석하고 학습에 적용하는 방안을 설명한다.
- Renzulli, J. S., Rizza, M. G., & Smith, L. H. (2002). ***Learning***

styles inventory: Version III. Mansfield Center, CT: Creative Learning Press.

학생의 선호하는 교수스타일을 파악하기 위해 그 기저 이론뿐 아니라 학습스타일 도구를 실시하고 채점하는 방법을 소개한다.

- Kettle, K. E., Renzulli, J. S., & Rizza, M. G. (1998). Products of mind: Exploring student preferences for product development using *My Way: An Expression Style Inventory. Gifted Child Quarterly, 42(1)*, 48–61.

  학생들이 어떤 종류의 산출물을 창출하는 데 관심이 있는지 결정할 수 있도록 도움을 준다.

- Renzulli, J. S., & Reis, S. M. (1997). ***The Schoolwide enrichment model: A how-to guide for educational excellence*** (2nd ed.). Mansfield Center, CT: Creative Learning Press.

  SEM 프로그램을 통한 실질적인 수월성 교육 방안을 제시한다.

- Purcell, J. H., & Renzulli, J. S. (1998). ***Total talent portfolio: A systematic plan to identify and nurture gifts and talents.*** Mansfield Center, CT: Creative Learning Press.

  학생 능력, 흥미와 선호도를 파악하여 종합재능기록표에 기록함으로써 교사들로 하여금 적절한 심화 및 속진 선택안을 결정하는 데 도움을 제공한다.

전반적인 교육과정은 실제문제를 해결하는
사고학습과정으로 인식해야 한다.

—John Dewey

제 2 장

심화집단이란?

다음의 두 가지 실제에 부딪혀서: 표준화 검사점수 향상에 대한 압력과 미리 기술되어 내려오는 기준, 내용 및 성취결과의 늘어나는 목록에서 어떻게 즐겁고, 창의적이며 도전적인 학교 학습환경을 만들 시간을 마련할 수 있는가? 국가 전역에 걸쳐 여러 학교를 대상으로 실시한 연구에 의하면, 외관상 불가능해 보이는 것을 단위시간을 주별 수업에 삽입함으로써 귀납적 학습을 학생활동으로 실시할 수 있었다. 심화집단 프로그램에서, 교사는 단위시간을 이용하여 학생-주도적인 학습에 초점을 맞출 수 있고, 학습을 실제-세계 문제에 적용하는 방향으로 학생 관심을 전향한다.

심화집단 정의와 예

심화집단에서는 공동의 흥미를 갖는 학생들이 특별히 마련한 단위시간 동안에 모여서 산출물, 공연 및 공동관심에 초점을 맞춘 서비스를 수행한다. 대개 8주에서 10주 단위시간 동안 심화집단 활동을 계속한다. 일련의 심화집단을 연초에 시작하여 4주에서 5주 단위로 계속하고 나머지 반 학기동안 다른 심화집단을 실시한다. "집단시간(cluster time)" 동안에 모든 심화집단 활동을 실시하여 교사와 학생모두 참여할 수 있다.

각 집단에 참여하려는 학생 수에 따라, 일부 활동을 반복할 수 있으며, 학생과 교사가 흥미를 갖고 있으면 다른 심화집단을 계속할 수 있다. 반복하는 집단은 본래 있던 집단의 복사판이 되어서는 안 된다. 주제와 시작 활동이 유사할 수 있지만 산출물 개발에 대한 학생선택과 집단 흥미와 욕구에 따라 진행하는 작업양식은 달라야 한다. 화가와 작곡가의 작품처럼, 각 심화집단은 그 집단 고유의 것을 창출해야 한다. 캔버스나 점수용지는 같아도 그림과 작곡을 새롭게 창조하는 것처럼 말이다. 각 심화집단은 고유한 것이다. 그렇지 않으면, 연역적 교수양식으로 되돌아갈 위험이 있다.

특정 주제에 흥미가 있는 교사나 성인들은 심화집단을 촉진한다. 특정 영역에 높은 수준의 지식과 흥미를 가진 학생도 심화집단 촉진자의 역할을 할 수 있으며 필요에 따라 교사 및 성인과 협동적으로 작업한다. (학생이 주도하는 심화집단은 나이든 학생이 어린 학생과 작업할 때 가장 효과적이며, 이 때 학생 촉진자와 학생 사이의 학년 간격이 최소한 3학년 정도가 바람직하다.) 학생과 지역 자원봉사자를 포함하여 모든 촉진자들은 오리엔테이션을 받아 연역과 귀납적 학습차이에 대해 분명히 이해해야 한다. 5장에서 다루겠지만 대부분 교사개발 활동을 지역 봉사자에게 실시할 수 있다.

앞에서 언급한 바와 같이, 심화집단은 실제-세계 상황에서 볼 수 있는 지식획득과 적용방식을 모방하였다. 집단에서, 학생들은 관련지식을 사용하고 사고기술을 그 집단이 파악한 공동의 문제에 적용한다. 비디오 제작회사 심화집단 활동에서 학생들이 산출물과 서비스를 사용하여 문제를 언급하는 방법을 살펴보자.

비디오 제작회사

중학교 역사교사인 빌 본판테 교사는 극장과 비디오 제작활동에 참여한 적이 있는 대학시절부터 영화와 비디오 제작에 흥미가 있었다. 심화집단 프로그램을 시작했을 때, 담당하고픈 심화활동을 다음과 같이 기술하였다.

> **비디오 제작회사**
>
> 여러분은 비디오광입니까? 역사를 좋아합니까? 영화감독이 어떻게 영화를 만드는지 궁금한 적이 있었나요? 그렇다면, 여기에서 찾아보세요! 와서 비디오 제작모험에 참여해 보세요. 필요한 것이 있다면 영화와 역사에 대한 열정입니다. 영화제작을 따라 과거를 여행해 보세요.

6학년에서 8학년까지 16명 학생들이 위의 설명에 이끌려 비디오제작 심화집단을 선택했다. 처음 회의 때 첫 작품의 주제를 선정하고, 누가 하위집단(작가, 촬영, 편집 등)에서 일할지 결정하고, 담당할 책임이 무엇이며, 행사스케줄 잡는데 집중하였다. 브레인스토밍 섹션 후에, 렉싱턴 전투 및 콩코드와 폴 리버스의 기병대에 대한 기록물을 만들기로 하였다. 비디오 대상청중은 역사과목에서 이 주제를 공부하는 4학년 학생이다. 본판테 교사는 역사적 주제를 다루는 영화와 비디오를 보여 주고, 지역 텔레비전 방송국에서 일하는 부모님을 초대하였고, 극본, 스토리 보드, 비디오 기술, 의상과 분장은 물론 전투와 폴 리버스의 유명한 기병대를 다루는 여러 방법론에 대한 책과 매뉴얼을 수집하였다. 과제 소집단별로 심화집단의 대부분 시간(1주일에 한 번 90분 섹션)을 보내지만 진척사항 보고와 제작스케줄 관리를 위해 짧게 대집단으로 모임을 가졌다. 전체적으로 촬영을 조정하는 감독 외에 엑스트라 동원, 촬영장소 섭외와 협조요청, 통신수단 마련, 의상제작을 위한 부모도움 모집 및 자료 수집(말과 탈 것 등)에 대한 책임을 두 명의 학생 프로듀서가 담당하였다.

심화집단 촉진자로서, 본판테 교사는 실제 전문가들이 비디오 제작 분야에서 작업하는 책임과 역할을 모방하고 모델링 하도록 격려하였다. 방법론에 관한 책을 참조하거나 전문가와의 전화통화를 통해서 "배경에 있는 전신주를 없애기 위해 어떻게 필름을 조작하는지" "어떻게 낮 동안에 밤 촬영을 할 수 있는지" "영국연대 전투지를 어떻게 찾아내고 그들의 복장은 어떻게 생겼는지" "수원지 근처에 있는 것처럼 보이는 교회를 어떻게 만드는지"에 대한 대답을 얻었다.

작업분담을 통해서 모든 학생들은 제작과정 중에 주인의식을 가지고 자신의 장점, 흥미와 표현스타일을 발휘할 방법을 찾았다. 여러 수준의 재능과 리더십이 과제집단에서 나타나지만, 본판테 교사는 계속 각 개별 학생들이 전체에서 수행하는 기여점을 강조하였다. 교사는 항상 과제를 직접 지시하고 지도하는 것이 아니라 각 하위집단의 작업수준을 지원하고 증진하였다. 코치처럼, 교사는 자신의 경험을 살려서 가능한 한 대안책으로 조언을 주고, 문제와 요구사항을 예시하고, 의견 차이를 중재하고, 학생들이 의사결정 기회를 갖도록 하였다. 이상의 역할은 상당한 인내심과 절제가 필요하였다. 교사는 학생들로 하여금 도전과 장애를 성공으로 전환하기 위해 좌절과 노력을 경험하도록 하였다. 교사는 1장에서 제기한 목적을 달성하려면 학생들이 "문제를 자기 것으로 만들고" 성공에서 진정한 만족을 느껴야 한다고 생각하였다. 비디오 제작회사의 활동을 진행하면서, 본판테 교사는 점점 책임을 학생에게 넘겨주었고 대부분의 경우엔, 질문으로 질문에 대답하는 것이 적절하게 되었다.

심화집단의 실제행동 이면에서, 본판테 교사는 심화집단의 정치학(the politics of enrichment cluster)이라고 부르는 것을 하였다. 본판테 교사는 주 내용 기준을 조사하여 이 기준과 관련하여 심화활동의 가치를 기록하는데 대부분의 시간을 보냈다. 그는 적정기준을 여러 집단활동에 연계하였고 여러 내용영역에서 학생의 성장을 기록하고 결정하는 비형식적 기준을 개발하였다. [도표 2.1]에서 볼 수 있듯이, 학생과 촉진자가 모두 보기 좋은 양식으로 여러 주 기준을 분명히 언급하였다. 사실 10개 학습영역 중 6개 기준을 심화집단에 통합하였다.

심화집단 지침

심화집단을 전통적인 과정, 미니-과정 혹은 교수단원과 구분하는 여덟 가지 지침이 있다. 이들 지침들을 심화집단이 귀납적 교수와 학습 모델에 근거하는지 평가하는 체크리스트로서 사용할 수 있다.

1. 내용과 과정적용에 초점

첫 번째 지침-심화집단의 황금률은 모든 심화집단 활동은 진짜 청중을 대상으로 하여 산출물, 공연 및 서비스 창출을 지향해야 한다는 것이다. 심화집단에서 이뤄지는 모든 학습은 내용획득, 사고과정 사용, 혹은 리더십 기술, 대인 간 및 대인 내 기술, 조직적인 시간관리 기술과 여러 바람직한 교육적 결과 등을 적용하게 된다. 이와 같은 유형의 학습을 John Dewey(1939)는 "부수적인 학습(collateral learning)"이라

주 기준(State Standards)

학습영역 1: 읽기, 듣기와 보기

A. 비허구: 읽기, 듣기와 보기에서 비허구 양식의 정보를 이해, 해석하고 평가한다: 그리고 추상적이고 복잡한 생각을 언급, 선택함으로써 정보를 이해한다.

C. 기술적인 읽기: 기록문 혹은 전자매체로부터 얻은 기술적인 정보(technology information)를 이해한다.

학습영역 2: 쓰기와 말하기

A. 쓰기: 여러 학문적 그리고 기술적인 목적, 상황 및 청중을 위해 글을 쓴다.

B. 대인간 의사소통: 소집단에서 효과적으로 의사소통한다.

학습영역 3: 예술

A. 예술적 창의성과 공연: 예술과정과 발표를 통해서 예술양식에 대한 지식을 얻는다.

학습영역 5: 연구조사

A. 직접관찰: 과학적 및 사회과학 질문에 답을 얻기 위해 정보를 수집한다.

B. 정보유용: 질문에 대답하고 어떤 입지를 지지하기 위해 여러 자료를 찾거나 사용한다.

학습영역 7: 사람과 문화

B. 지구과학과 문화: 세계를 지역, 자원, 사람과 문화 및 물리적 특징으로 정의하는 법과 지구촌 체계가 상호연관됨을 이해한다.

C. 역사와 시민의식: 역사적 사건의 사실과 계열, 여러 관점의 영향과 근원, 변화 및 이민과 관련 있는 사건에 대한 지식을 획득한다.

학습영역 9: 자원관리

B. 집단자원: 산출물과 서비스를 창출하기 위해 집단적으로 자원을 관리한다.

D. 기술적용: 산출물을 창출하고 정보를 찾고, 평가하고 조직하는데 적절한 기술을 사용한다.

[도표 2.1] 비디오 제작회사 심화집단에서 진술한 주 기준.

명명하였고, 학습한 것이 무엇이든지 간에-내용획득이든 사고과정 사용이든지-그 가치는 문제진술 필요성 때문에 관련된다는 것이다. 산출물은 내용과 과정을 개발하는 필수매개물이다. 학습유형의 가장 지속적이고 전이 가능한 결과는 과정 그 자체이지만, 산출물, 공연과 서비스는 심화집단을 정의하는 본질적인 요소들이다. 사고와 정서과정은 심화집단의 중요한 결과이므로, 사고기술 분류학을 [도표 2.2][3)]에 개괄적으로 소개하였다(Renzulli & Reis, 1997). 본 정보를 통해서 교사는 심화집단 과정목적의 범위에 대해 생각하고 여러 심화활동 학습결과인 과정기술들 간에 균형을 이룰 수 있다. 그러나 과정목적으로 심화집단에서 발생하는 바를 사전에 미리 결정하지 말아야 한다. 내용목표를 직접 가르치지 않으려고 하는 것처럼, 또한 과정결과를 너무 단순화하지 않길 바란다. 그렇지 않으면 심화집단은 "교과서에 있는 편견을 찾아내는 오늘의 활동지"에 지나지 않게 된다. 귀납적 교수에서 과정기술은 산출물 혹은 서비스 발달의 필요성 때문에 도출되는 것이다. 일반적으로 추구할 목적 분류학을 통해서 교사는 심화집단의 목적을 학생과 부모에게 설명하고 심화집단의 결과를 평가하는 체크리스트로 사용할 수 있다.

또한 산출물 계획지침(Products Planning Guide-부록 B 참조)을 제시하여 다음의 일곱 가지 산출물을 개발할 때, 가능한 유형을 폭넓게 탐색할 수 있도록 하였다: 예술적 산출물, 공연 산출물, 구어적 산출물, 시각적 산출물, 구조적 산출물, 리더십 산출물과 문어적 산출물. 교사와 학생들은 위의 목록을 사용하여 대안적이며 창의적인 방식으로 자신의 작업을 표현할 방법을 찾아볼 수 있다.

---

3) 보다 상세한 사고기술 분류학은 『*The schoolwide enrichment model*』(Renzulli & Reis, 1997, pp. 161-167)을 참고 바람.

인지와 정서과정의 분류학

I. 인지와 정서적 사고
- A. 창의적인 사고기술
- B. 창의적인 문제-해결과 의사결정
- C. 비판적, 논리적인 사고

II. 특징개발과 정서적 과정기술
- A. 특징개발
- B. 대인간 기술
- C. 대인내 기술

III. 학습방법론 기술학습
- A. 듣기, 관찰하기와 지각하기
- B. 읽기, 노트필기와 개요잡기
- C. 인터뷰하기와 질문지 조사하기
- D. 자료분석과 조직하기

IV. 상급수준의 연구기술과 참고자료 사용
- A. 연구준비와 연구조사 프로젝트
- B. 도서관과 전자참조자료
- C. 지역사회 자료찾기와 사용

V. 문어적, 구어적 및 시각적 의사소통기술
- A. 문어적 의사소통기술
- B. 구어적 의사소통기술
- C. 시각적 의사소통기술

[도표 2.2] 인지와 정서과정 분류학.

2. 참여할 심화집단 선택

상식적으로 하고 싶은 것을 할 때 더 잘 학습하며, 대부분의 즐거움은 여러 가능한 대안 중에서 어떤 것을 스스로 선택할 수 있을 때 생긴다.

그러나 형식적인 학교교육에서 선택의 기회는 적다. 어디에 흥미가 있는지 모르며, 흥미를 결정하는 데 어려움이 있다. 일련의 개방식 질문으로 구성된 *Interest-A-Lyzers*(Renzulli, 1997)와 같은 자아-평정척도를 사용하여 잠재적으로 흥미가 있을 영역을 찾아낼 수 있다(부록 A에 샘플수록).

심화집단이 그 강조점을 산출물/서비스 개발에 두기 때문에, 학생의 선호하는 표현스타일을 조사해 보도록 돕는 것이 중요하다. 음악 및 예술적 산출물에 참여하거나 특별한 표현스타일이 필요한 교육과정 외 활동(예: 학교신문, 예술클럽)에 참여한다면, 학생들은 자신이 선호하는 표현스타일을 인식하게 된다. 선호하는 표현스타일을 조사할 수 있다면 보다 의미심장한 심화활동을 선택할 수 있으며, 잘 정립된 표현스타일을 가진 학생이더라도 자아-분석경험을 통해 새로운 표현스타일을 발견할 수 있다. 선호하는 표현스타일을 탐색할 수 있도록 *My Way… An Expression Style Instrument*(Kettle, Renzulli, & Rizza, 1998)을 사용하기 바란다. *Interest-A-Lyzers*처럼 이 도구들도 테스트가 아니며 규준이나 정답이 있는 것이 아니다. 오히려 *My Way*는 선호하는 바를 이해하고 자아-선택 학습경험[4)]에 참여할 수 있는 기회가 주어질 때 더 잘 결정을 내릴 수 있도록 돕는다.

---

4) 심화집단 외에 흥미와 표현스타일 평가를 통해서 학생에 대한 정보를 얻을 수 있다. 이들 정보는 학생들이 추구하고픈 흥미와 연구방향을 제시할 수 있다. 부가적으로, 학생의 흥미와 산출물/청중 선호에 대한 정보는 차별화되고 상중하 등으로 난이도가 있는 레슨을 개발하도록 돕는다. 쉽게 찾아볼 수 있도록 이들 정보를 종합재능기록표(Purcell & Renzulli, 1998) 같은 기록표에 보관함으로써, 학생들이 수업과제를 일찍 끝내거나 정규교실에서 자아-선택활동을 할 기회가 생기게 되면, 이 기록표에서 하고 싶은(흥미에 기초한) 선택안들을 찾아볼 수 있다.

모든 학생들에게 본 도구를 실시할 필요는 없지만, 이와 같은 과정을 통해서, 참여할 심화집단을 선택하는데 어려움을 느끼는 학생을 도울 수 있다. 둘 이상의 심화집단 활동 후에 본 도구들을 다시 실시하여 새로운 홍미와 선호하는 표현스타일이 있는지 조사한다. 본 도구들은 보다 일반적인 정보 또한 제공한다. 집단으로 실시했을 때, 홍미도구들은 어떤 유형의 심화집단을 마련할 것인지에 대한 정보를 제공하며, 선호하는 표현스타일 도구들은 심화집단 결과로 서비스/청중의 범위를 어느 정도로 설정할지 이해를 돕는다.

효과적인 교수는 교사 개인이 교실에 쏟는 홍미, 열정과 집착력을 가질 때 나타난다. 그러므로 학생의 홍미를 주도하는 똑같은 철학이 또한 심화집단을 촉진하는 교사와 다른 성인에게도 적용된다. 심화집단에 대한 초기 연구에서, 중학교 교사들은 현재 자신들이 가르치고 있는 과목영역에서 심화집단을 고안해야 한다고 생각하였다. 일부에게는 이와 같은 선택이 바람직한 결정일지 모르지만 대부분 교사는 학생과 함께 공유할 학습상황에 적용해 보려고 꿈꿔왔던 주제나 연구영역에 홍미와 열정을 가진다. 교사들로 하여금 독특한 심화집단을 개발하고 그 잠재적 영역을 탐색하도록 돕기 위해, *Inspiration*(Gentry & Renzulli, 1995)라고 불리는 자아-평정도구를 사용하였다. 본 도구는 심화집단 개발 시 발동기의 역할을 하는 특별한 홍미와 활동을 조사한다(부록 A 참조). 본 도구를 통해 교사들은 상보적인 홍미를 갖는 동료를 파악하고, 함께 작업할 기회를 모색한다. 예를 들어, 지역 역사와 창의적인 작문에 홍미가 있는 교사는 역사 허구소설과 초기 정착에 대한 드라마를 만드는 팀을 선택할 수 있다.

얼마간의 시간을 투자하여 홍미와 표현스타일을 조사함으로써 성공적으로 심화집단 활동을 할 수 있다. 경험상, 교사와 학생들은 서로 공통적으로 홍미가 있는 것을 학습할 때, 즐겁고 적극적으로 참여한다.

3. 흥미영역에 따른 혼합학년 집단구성

학교에서 대부분 같은 나이, 같은 학년 또래와 시간을 보내지만, 학교 밖을 벗어나면, 흥미와 공동의 과제영역에 따라 집단을 이룬다. 심화집단은 실제-세계 조직과 학습패턴을 지향하므로, 2학년에서 3학년 수준 차이도 포괄한다(심지어 4개 학년수준을 포함한 심화집단이 성공적이었음도 보았다). 실제-세계 생활환경을 제공하는 것 외에 흥미에 따라 학생을 그룹 짓기 때문에 최상의 산출물을 창출하기 위해 필요한 모든 요소를 제공할 수 있다. 학습상황에서, 공통적인 흥미를 갖고 있는 많은 학생들을 연령이 다르다고 따로 구분짓기보다는 함께 활동하도록 함으로써 보다 창의적이고 역동적인 상호작용을 유발한다. 강한 공동의 흥미가 있을 때, 연령 차이는 눈에 띄지 않으며 예를 들어, 어린 학생들의 가공되지 않는 창의적인 생각이 나이든 학생의 방법 및 경험과 결부될 때 보다 바람직한 결과를 유도하게 된다. 또한 혼합학년 집단구성에 대한 실제적인 이유가 있다. 한 초등학교에서, 의상디자인 심화활동을 3학년부터 5학년 학생을 대상으로 실시하였다. 시간상의 제약과 본 심화활동 참여를 원하는 교사가 한 명뿐이었으므로, 3학년용과 4학년용 의상디자인 활동을 따로 실시하는 것이 불가능하였다. 그래서 22명의 혼합학년을 대상으로 심화집단을 실시하였고, 그로 인해 학년별로 따로 실시하였을 때는 볼 수 없는 흥분, 열정과 그 밖의 여러 가지 효과를 얻을 수 있었다.

4. 사전에 결정된 단원과 레슨계획의 배제

본 지침은 아마 초보 심화촉진자에게 가장 어려울 것이지만, 심화집단 활동을 미니-코스로 바꾸는 현학적 학습모델로 되돌아가지 않기 위해서는 절대적으로 필요하다. 단원 혹은 레슨계획의 부재가 일반적인 도입활동 지침이 없음을 의미하는 것은 아니다. 4장에서 이 지침을 보다 상세히 다룰 것이다.

초기 심화집단 개념을 조사하는 동안, 일부 촉진자들이 심화집단 활동을 미니-코스로 전환하려는 경향성을 볼 수 있었다. 미니-코스는 사전에 기술되어 있는 내용과 사고기술을 가르치고자 고안한 것이다(연역적 모델). 미니-코스는 본질적으로 정규교육과정에서 다루지 않는 주제를 다룬다는 점과 전통적인 상술, 반복과 테스트 연습 등과는 다른 교수책략을 사용한다는 점에서 정규교육과정 및 교수책략과 다를지 모른다. 그렇지만, 미니-코스의 궁극적인 목적은 학생의 머릿속에 미리 기술한 내용과 과정 목적을 주입하는 것이다. 이상의 목적도 물론 가치가 있지만, 심화집단은 좀 다르다.

심화집단은 의도한 청중에게 영향을 줄 목적으로 산출물 혹은 서비스를 창출하는 학습상황이다. 심화집단 활동에서 발생하는 모든 학습은-그 내용이 새로운 내용, 새롭거나 향상된 사고과정 혹은 새로운 대인관계기술이든지 간에-실제문제를 해결하는데 필요한 정보와 기술에서 유발되는 것이다. 다시 말해서 학생들은 현 문제맥락 내에서 새로운 것을 배운다. 심화집단에서, 전문가들이 사용하는 방법을 따라 연구할 수 있도록 미리 규정한 내용과 과정목적을 의도적으로 배제해야 한다. 만일 학생들이 무엇을 어떻게 학습할지 미리 규정한 바에 따라 심화집단 활동을 지도한다면, 전형적인 정규교수실제로 되돌아가는 것이다.

여러 면에서 심화집단을 계획하는 것이 전통적인 교수보다 쉽고 자연스런 과정이다. 심화촉진자들은 단지 (학생과의 토론을 통해서) 산출물, 서비스 및 의도한 청중을 결정하고 과제수행을 위해 필요한 자원과 방법들을 획득할 수 있도록 필요한 단계를 밟는다. 학생들이 과제수행을 위해 필요한 것을 요청할 때, 관련된 정보, 자료, 문제-해결

기술 및 도움을 제공한다. 초등학교 학생집단들이 환경보호차원에서 새집과 사육지를 생각하고, 만들기로 결정함으로써 학습하게 되는 수학, 지구학, 건축, 구매, 미학, 컴퓨터 그래픽, 광고, 사진, 회계학, 협동, 리더십과 조류학에 대한 모든 것을 생각해 보자!

심화집단은 자연스런(nonschool) 학습을 모델로 삼지만, 많은 교사훈련은 먼저 목적과 학습결과를 시작으로 하여 그 목적 달성을 위한 레슨을 고안한다. 이와 같은 전통적인 교육 접근법을 깨기는 어렵다. 4장에서 귀납적 접근법을 사용할 때 필요한 지침서와 심화집단개발에 대한 방향을 제시할 것이다.

심화집단에 대한 연구에서 발견한 두 번째 문제는 일부 촉진자들이 갖는 문제로 심화집단 내에서 추구하는 지식수준을 향상하지 못한다는 것이다. 직접 손으로 조작한다는 것이(Hands-on) 머리를 쓰지 않는다는 뜻이 아니다! 흥미진진하고 재미있는 학습이 바람직한 심화집단의 특징 중 하나인 것은 의심할 여지가 없다. 그러나 일부 심화집단 활동이 "재미있는 게임"에 지나지 않으며 "쉬운 내용"으로 "실제 학교"를 대변하지 않는다는 비난을 받는다. 심화촉진자들은 심화활동 연구분야 내에서 깊이 있게 내용을 구성할 수 있도록 신중히 검토하여 이와 같은 비난에 대처할 수 있다. 예를 들어, 환경친화적인 건축회사(*Environmentally Friendly Construction Company*) 심화집단에서, 촉진자는 학생들로 하여금 새집과 먹이 주는 곳을 어떻게 만들지 보여주는 책뿐 아니라 조류학, 마케팅 및 광고에 대한 책도 얻을 수 있도록 도움을 먼저 주어야 한다. 새 서식지와 이주습관에 대해 학습할 것들을 지도로 작성하고 새집과 입구를 얼마나 크게 할지 결정하기 위해 새의 해부학에 대해 학습하며 여러 종류의 선호하는 먹이, 색깔, 짝짓기 습관 및 적절한 위치를 배운다. 학생들은 그림과 사진이 있는 게시판을 준비하여 산출물을 만들 때 필요한 기금을 마련하고, 심화집단 내에서 노트북 컴퓨터에 관심 있는 하위집단은 새집과 먹이통 판매를 홍보할 광고지를 만든다. 학생들은 양질의 산출물을 개발하기 위해서 하위주제 및 과제, 산출물을 연구하고 만들고 마케팅하는 데 전문가가 된다. 이와 같은 질적으로 높은 내용을 통해 교육 지도자의 일차적 관심사인 표준화 검사점수가 지배적인 때에 받는 "쉬운 내용"이라는 비난을 피할 수 있다. 그러므로 학생과 심화촉진자들은 작업 중에 사용하는 모든 자료를 기록해야 한다. 양질의 산출물이 학생 성취를 가장 잘 보여 주지만, 사용했던 책 목록, 웹사이트, 방법론적 도움을 요청했던 사람들도 심화집단의 노력을 보여 준다.

또 다른 예는 의상디자인 심화집단에 참여한 학생에서 찾아볼 수 있다. 10대를 위한 의상을 고안하는데 집중하였지만, 학생들은 의상사 웹사이트를 참조함으로써 100년 동안의 의상경향을 연구하였다. 의상사를 분석함으로써 현재 개발 중인 의상에 대한 창의적인 아이디어와 전문적인 관점 모두를 얻었다. 배경정보와 방법론에 대한 필요성으로 (예: 옛날 잡지, Montgomery Ward와 Sears Roebuck 카탈로그) 학문적 실제성을 높였다.

학생들이 높은 수준의 지식과 진정한 방법론을 추구하는지 확인하는 것은 심화촉진자의 역할이다. 비록 촉진자가 내용영역에 전문가일 필요는 없지만 다음의 것이 필요하다.

- 추구하는 주제에 대한 관심과 내용영역 신장을 위한 직관을 가진다.
- 학습수준을 신장하기 위해 자료 찾는 곳과 방법을 안다.
- 실제 조작해 보는 활동으로 지식을 촉진하기 위해 심화활동을 조직한다.
- 심화집단에서 추구하는 높은 수준의 내용범위와 수준을 기록한다.

새집 만들기 심화집단에서 톱, 망치질과 페인트칠을 좋아한다고 조류학과 마케팅 기저 연구를 건너뛰거나 의상디자인 집단에서 학생자신의 흥미영역보다 넓다고 앞선 수준의 연구기술을 건너뛴다면, 높은 수준의 학습을 위한 기회가 줄어들게 되며 "재미있는 게임"에 불과하다는 비난을 받기 쉽다. 새집과 먹이통을 만드는 심화집단에서, 촉진자는 "좋은 마케팅 전략"을 조류학 연구에 필요한 새집과 먹이통 만들기 사용지침에 포함하여 심화집단의 학문적 수준을 높인다. 교사는 학생에게 조류학을 가르치지 말고 산출물을 만들 때 필요한 자료책과 인터넷에서 정보를 찾을 수 있도록 이끌어준다. 이와 같은 종류의 자료탐색을 적시적소에 필요한 정보(Just-in-time information)라고 부른다. 자료탐색은 실제문제와 현 문제를 진술할 때 필요하므로 직접적으로 관련이 있다. 여러 면에서 위의 예는 촉진자의 역할을 보여준다. 촉진과정에는 심화집단이 갖는 직접 조작하는 것 그 이상이 필요하다; 즉 촉진자는 심화집단에게 창의적으로 방향을 제시하여 학문적 성장을 도모한다.

5. 조사연구자와 창의적인 전문가가 사용하는 방법, 상급수준의 내용과 자료를 통한 유도

대부분 교사는 쉽게 일반적이고 구체적인 주제에 대한 정보를 찾도록 돕는다. 도입수준 자료 외에, 인터넷과 자료검색을 통해서 얻을 수 있는 정보는 방대하다. 불행히도, 많은 학생들은 연구프로젝트를 준비하는 방법으로 백과사전, 참조자료와 인터넷에서 자료 찾는 것을 생각한다. 적절하게 관련된 배경정보를 찾는 것은 연구조사에서 중요하지만, 만약 이것이 사용할 수 있는 유일한 방법이라고 한다면 그 결과는 진정한 연구라기보다는 단순한 보고서에 불과할 뿐이다. 진정한 연구를 실시하기 위해, 교사와 학생들은 방법론적 자료를 찾고 사용하는 방법을 알아야 한다. 이와 같은 자료를 "방법론"에 관한 책 혹은 "인쇄물 멘토"라고 지칭하며 이들 자료들은 전통적으로 수행하던 보고서 작성 접근법을 넘어서 연구를 증진하려고 할 때 필요한 요소이다.

방법론에 대한 책과 매뉴얼은 전문가가 연구를 하고 창의적 혹은 행동-지향적인 작업을 수행하는 방법에 대한 정보를 수록하고 있다. 『역사이해: 역사적 방법 입문서(*Understanding History: A Primer of Historical Method*)』(Gottschalk, 1969)의 짧은 문단을 통해서 이들 자료들이 갖는 독특한 기능을 아래에서 살펴볼 수 있다. (본 책의 제목이 전형적으로 프로젝트를 실시할 때 사용하는 책 및 내용정보들과 어떻게 다른지 주목하라.)

주제를 선택하고 주제에 대한 정보 찾기

> 도움이 있든 없든 초보자는 쉽게 조사할 만한 흥미 있는 주제를 발견한다-최소한 입문 수준에서, 다음의 네 가지를 자문할 필요가 있다:
>
> 1. 첫 번째 질문은 지리학적인 질문양식으로 이뤄진다: "어디?" 세계 어느 곳을 연구하고 싶은가? 극동 아시아? 브라질? 나의 나라? 나의 도시? 나의 이웃?
> 2. 두 번째 질문은 생물학적인 질문양식으로 이뤄진다: "누가?" 어떤 사람에게 흥미가 있는가? 중국 사람? 그리스 사람? 나의 조상? 나의 이웃? 유명한 사람?
> 3. 세 번째 질문은 연대기적인 질문양식으로 이뤄진다: "언제?" 과거 어느 시점을 연구하고 싶은가? 처음부터 지금까지? 기원전 5세기? 중세시대? 1780년대? 작년?

How-to 제목

웹사이트 만들기
화석수집
역사기록물 만들기
허구소설 작가의 워크숍
논쟁법
만화와 코믹 스크립트 그리기
기상과 기상관측에 대한 아동용 책
현미경을 갖고 하는 과학 실험
생명과학: 초보 생물학자용 프로젝트와 원리
역사 속 이야기: 미국인의 경험을 소개하는 글
사회 과학 연구 실시를 위한 학생용 지침
사회 운동에 대한 학생용 지침
출판용 학생작가 지침

*더 많은 정보를 원할 경우, 부록 C 참고

[도표 2.3] How-to 제목.

4. 네 번째 질문은 기능적 혹은 직업에 대한 질문양식으로 이뤄진다: "무엇?" 인류의 어떤 영역이 가장 흥미로운가? 어떤 종류의 인류 행동? 경제학? 문학? 운동경기? 성? 정치학?

[도표 2.3]은 여러 과목의 방법론을 수록하였다. 제목 그 자체로 책의 목적을 분명히 보여 준다는 점에 주목하자. 부록 C에 수록된 책들은 여러 주제영역에서 방법론에 초점을 맞춘 많은 책 중 그 일부만을 소개한 것이다. 대부분은 어린 청중이나 초보 수준의 연구자를 위해 쓰인 것들이며, 심화집단을 촉진하는 성인은 물론 학생지침서로 사용할 수 있다. 심화집단 촉진자는 또한 대학교육과정의 심리학, 사회학,

생물학 및 기타 연구 분야의 대학 교재입문서를 준비하여 학생수준을 높인다. 이들 책은 기본원리 및 개념과 분야에서 연구하는 주제를 파악하도록 돕는다. 일부 책들은 실험 매뉴얼을 수록하여 실제 연구 활동을 수행하는 학생을 지도한다.

심화촉진자는 전문가에게 자문을 요청할 수도 있다(그러나 보다 어린 학생에게 적절한 전문가의 조언을 얻기 위해 심화집단 학생의 연령을 알려준다). 인터넷을 통해 또한 방법론적 정보를 얻는다. 지역역사 심화집단을 촉진하는 교사는 “인터넷에서 3번 클릭하기”를 사용하여 월남전 인터뷰를 준비하는 학생을 도울 수 있다. 야후의 검색시작에서 교사는 사회과학을 클릭하였다. 이 일반적인 분야와 관련 있는 수많은 자료 외에, 대화창을 통해서 “구전역사”에 대한 유형 및 연구를 찾아볼 수 있다. 두 번째 클릭으로 구전역사에 대한 52개 사이트를 찾았다. 교사는 “구전역사 질문”이라는 제목을 클릭하였다. 구전역사 인터뷰를 할 수 있도록 돕는 4쪽 분량의 질문을 출력하였다. 나머지 구전역사 프로젝트를 기술하는 50개 사이트 중에, 월남전과 구전재즈 역사 같은 흥미 있는 인물과 하위제목에 대해 자료를 제공하는 대학 센터도 포함되어 있었다. 문자 그대로 세계의 정보를 가까이에서 찾아볼 수 있으며 촉진자들은 심화집단과 교수활동의 내용수준 및 조사연구 방법론을 신장할 때 사용한다.

일부 연구조사는 학생의 수준을 벗어나지만, 도입과 초보 수준에서 거의 모든 지식에 대한 자료를 수집할 수 있다. 저학년 학생들이 수행한 음식과 텔레비전 선호도에 대한 과학적인 질문연구를 볼 수 있었다. 중학교 학생들은 산성비 지역과 그 효과연구의 일부로 수질샘플을 수집하고 분석하였다. 이들 연구들을 주의 깊게 잘 실시하였으므로 주 환경기관은 학생들에게 연구를 의뢰하였다. 한 초등학교 심화집단은 전문적인 기술을 사용하여 지역 케이블 회사의 모든 주별 쇼를 조사하였다. 5학년 학생은 시정부에서 채택한 도시 역사산책로 지침서를 작성하였다. 지역사회와 시민운동에 참여한 고등학생의 연구로 200,000 달러 상당의 자전거 전용도로를 건설하게 되었다. 이상의 예에서 반영하는 바와 같이 높은 수준의 산출물 개발은 비록 그 기술수준이 초보수준이지만, 진정한 방법과 기술을 적절하게 사용하였기 때문에 가능하였다.

방법론적 도움을 제공하는 촉진자의 역할은 학생들로 하여금 적절한 기술을 사용할 수 있도록 필요한 인적, 물적자료를 파악하고 획득하도록 돕는 것이다. 어떤 경우에, 심화집단 촉진자들이 방법론적 참고자료를 찾는데 도서관 사서와 전문가의 조언을 얻을 수 있다. 촉진자들은 또한 전문가의 도움을 얻어 복잡한 개념을 학생들이 이해할 수 있는 수준으로 전환할 수 있다. 방법론에 대한 도움을 주는 것이 주된 촉진자의 책임이지만, 촉진자가 모든 연구조사 기술을 완전히 알고 있을 것이라 기대하는 것은 비현실적이다. 전반적인 연구속성에 대한 배경 및 방향제시가 필요하지만, 가장 중요한 것은 일상적인 학교자료 범위를 넘어서는 자료를 어디서 어떻게 얻을 수 있는지 파악하는 것이다.

6. 심화집단 내 작업분담을 통한 다중 재능개발 기회제공

심화집단에서, 각 학생들은 같은 과제를 수행하는 것이 아니다. 실제-세계에서 생산성을 증진하는 것처럼 작업을 분담하고 흥미 있는 분야에서 전문성을 개발한다. 심화집단이 공동의 목적을 추구하지만, 각 구성원은 각자 과제에 독특하게 기여한다. 경영, 극단, 출판, 기업 및 지역운동부에서 어떻게 다양한 과제를 수행하는지 설명함으로써 쉽게 본 지침을 이해하고 실행할 수 있다. 예를 들어, 극적 혹은 음악집단에는 여러 기능(배우, 프로듀서, 감독)을 수행하는 사람들이 필요하지만, 그 밖에 다른 역할을 하는 사람도 전문적인 산출물을 창출하기 위해 필요하다. 스크립트 작가, 무대 디자이너, 경영관리자, 의상 디자이너, 조명과 음향 기술자, 분장가, 기금모집가 외에 공동의 목적-상연을 위해 필요한 광고 및 대중성을 담당하는 사람들도 있다. 모든 사람들이 같은 과제를 수행하는 것이 아니므로, 심화집단에서는 서로 다른 능력 수준을 갖는 학생들이 함께 활동하는 것이 가능하다. 서로 다른 성취 수준을 갖는 학생들도 같은 심화집단에서 활동할 수 있어, 자신의 흥미와 능력을 사용하여 최종 산출물 및 서비스 창출에 이바지할 수 있는 한 도전적으로 활동에 참여한다. 공동목적에 대해 서로 다른 과제를 추구하면서 학생의 장점과 재능을 평가하고 협동과 독립성을 신장한다.

작업분담은 여러 차원의 프로젝트를 탐색하도록 돕기 때문에 심화집단 계획 시 중요하다. 새의 이주습관에 관한 보고서를 준비하는 심화집단이 있다. 팀을 이뤄서 현장관찰자, 사진사, 작가, 예술가 및 배경 연구조사자가 어떻게 폭넓게 재능과 단체활동을 개발할 수 있는지 상상해 보자. 만일 그 집단이 웹사이트, 지역 조류관리자 지침서와 워크숍을 만들기로 하였다면 그래픽, 매체, 컴퓨터 작업과 마케팅 등 개발해야 할 여러 재능분야가 있다.

심화집단에서 작업분담을 하면서도 같은 목적을 지향하지만, 그 집단 안에서도 여러 다른 산출물을 도출하는 것이 일반적이다. 일반적인 주제영역 내에서 확산적으로 움직이는 학생 개인 혹은 소집단은 같은 집단이라고 해도 여러 상이한 산출물과 서비스를 창출한다. 극단 혹은 신문만들기 스튜디오에서 학생들은 작업분담을 하면서 한 가지 산출물에 주안점을 두지만, 학생예술가들은 지역 예술 페스티벌을 목표로 자신의 독창적인 작품전시를 준비하는 예술 심화집단도 있다. 같은 심화집단 내에서도 서로 다른 산출물 혹은 서비스를 만들 수 있다. 인형 심화집단 활동에서 어떤 학생은 인형을 조작하는 사람이 되어 순회인형극 쇼를 개발한다; 또 어떤 학생들은 어린 학생들에게 인형극 및 인형 만들기를 가르치고 또 다른 집단은 인형역사에 대한 연대기를 출판한다.

일단 심화집단 활동을 시작하면, 견학, 기업체, 실험실, 회사 혹은 조직기관에서 강사를 초빙하여 홍미영역 중에서 참여할 범위를 결정지을 때 정보를 얻을 수 있다. 직업, 책임 및 산출물과 서비스에 대한 질문을 통해서 학생들은 수행하고 싶은 역할을 파악하게 된다. 약간의 배경작업으로 촉진자는 심화활동 유형을 소개할 수 있다. 전화통화, 방문, 심지어 촉진자가 개발하고자 하는 영역에서 활동하는 사람과 간단한 대화를 하여 정보를 얻을 수 있다.

촉진자는 일단 학생들이 도착해서 그 심화집단 활동을 시작할 때 생기는 모든 가능한 역할과 잠재적인 산출물에 대해 주의 깊게 생각하여 소개자료를 작성해야 한다. 배우 모집 극단심화활동을 소개하는 글만으로는 무대디자이너, 디렉터, 작가와 광고관련 활동을 다룰 학생을 소집하지 못할 여지가 있다. 다음의 소개말로 여러 재능과 흥미를 보이는 학생의 관심을 끌 수 있는가?

잡지 회사

사진, 작가, 컴퓨터 그래픽, 만화, 편집, 구성 혹은 마케팅에 관심이 있나요? 자, 그렇다면 독창적인 잡지를 만드는 심화집단 활동에 참여하는 것이 어떤가요?

7. 심화집단 활동을 위한 별도의 단위시간 마련

학생-주도적인 학습은 어느 교실에서나 가능하지만, 위에서 부과되어 내려오는 필수 교육과정 과목이 주는 압력과 표준화 검사를 강조하게 됨으로써 대부분 교실에서 비록 가능하다고 하지만, 귀납적 학습을 제한하게 되었다. 실제-세계, 상위목적 학습기회를 갖기 위해서는 귀납적 학습을 학생학습 경험의 "맨 앞줄"에 세울 수 있도록 한 주 동안 특별히 마련한 단위시간이 필요하다. 1주일에 두 번에서 반나절 단위시간을 통해서 효과적으로 심화집단 활동시간을 마련할 수 있다. 같은 시간에 모든 심화집단 활동을 계획함으로써 교직원 활용가능성과 규모가 큰 심화집단 활동을 할 수 있다.

학교일과를 수정하기 전에, 먼저 학교지도자는 다음 두 가지를 먼저 생각한다. 첫째, 교사, 행정가, 학생과 부모는 이와 같은 종류의 학습에 가치를 부여해야 한다. 긍정적인 학습기술 발전이 아닌 일종의 장식으로 심화학습을 간주한다면, 심화집단 활동계획은 많은 저항을 받게 된다. 심화집단의 학습유형에 대한 가치 및 평가를 제대로 내리기 위해서는 학교전반에 걸쳐 귀납적 학습목적에 대한 정보를 공유할 필요가 있다. 심화집단 프로그램에 관여한 모든 사람들은-특히 교사(심화집단 촉진자)-귀납적 학습의 교육적 가치에 대한 토론에 참여해야 한다. 이 토론에서 중요한 것은 성취도 검사점수를 향상하고자하는 현 기준과 학교목적에 상반되는 위치에 귀납적 학습을 놓는 것이 아니다. 학교교육의 목적은 경쟁적인 것이 아니라 상보적으로 비춰져야 한다. 초기 토론에서는 실제 프로그램을 실시할 때 궁지에 빠지지 않기 위해서 가치문제에 주안점을 두어, 프로그램의 결정에 앞서 먼저 가치문제를 고려한다. 학교향상에 대한 많은 아이디어들은 초기에 왜 이것을 할 수 없는지 같은 부정적 태도가 "왜 이것을 해야 하는지" 같은 당위

성보다 우선시되었기 때문에 그 계획이 틀어졌다. 대다수 참여자들은 심화집단 프로그램이 좋은 학교에 대한 비전과 일맥상통한다는 데 동의한다. 만약 대다수 교직원들이 심화집단 프로그램의 가치에 대해 서로 의견이 일치되면, 실제 관심사에 대한 문제를 창의적으로 해결하고 심화집단 활동을 쉽게 실시할 수 있다.

두 번째 보다 더 도전적이며 실질적인 고려사항은 학교일과이다. 심화집단 활동일과를 위한 최적의 시간은 언제인가? 심화집단 학습의 가치를 인식하게 되면, 전 교직원의 의견을 창의적으로 수렴하기 위해 주별 일과를 조사한다. 매주 정규적인 일과 단위시간에서부터 단위시간 순환 혹은 방과 후 프로그램까지 생각한다. 각 일과선택은 장단점이 있으며, 실험적인 기초 하에서 일과선택에 접근해야 한다. 일과에 대한 한 가지 접근법이 잘 적용되지 않으면, 학교지도자는 다른 선택안을 고려해야 한다. 3장에서 일과에 대한 여러 창의적인 접근법에 대해 살펴볼 것이다.

일과와 관련된 부가적인 문제로 생각해 봐야 하는 것으로는 교직원 발달과 공감형성을 위한 시간이다. 오늘날 "학습자 단체(Communities of learners)"라는 교직원에 대한 관심이 있긴 하지만, 실제 이와 같은 생각을 실시하는 것은 지역 혹은 국가적 교육문제에 대한 토론이나 독서토론에서나 자주 볼 수 있다. 이러한 노력도 가치가 있지만, 실제 현 도전과제에 대한 혁신적인 해결책을 확산적으로 생각하고 공유할 시간을 마련하여, 교직원들 사이에서 "할 수 있다"라는 태도를 개발한다. 학교정규 교직원 개발부서는 심화집단과 공감형성 촉진에 주안점을 두는 섹션을 마련하고, 교직원 개발과 프로그램에 대한 토론시간을 통해서 전문성을 공유하고, 새로운 열정과 창의적인 생각을 창출한다.

8. 정규 학교교육 관습의 중지

많은 규제와 전통들이 학교와 교실을 지배한다. 이들 전통의 가치를 의문시하는 것이 아니라 "심화집단 시간"을 정규학교 환경과 구분하기 위함이다. 일부 차이점을 이미 언급한 바 있다-흥미에 따른 혼합학년 집단구성, 전통적인 레슨 혹은 단원을 따르지 않는 교수, 미리 결정된 지식을 획득하기 보다는 산출물과 서비스에 집중하기 등이다. 심화집단을 정규 학교교육과 질적으로 구분하고자 한다면, 배제해야 할 몇 가지 관습이 있다. 예를 들어, 집단크기는 심화집단마다 상당히 다르다. 심화집단을 8명에서 10명의 학생으로 구성하거나 40명의 학생으로 구성하기도 한다. 보다 큰 심화집단에는 2명 이상의 성인 촉진자가 필요하며, 보다 큰 심화집단 내에서 소집단으로 쉽게 이동이 가능한 교사도 필요하다. 어떤 심화집단 활동은 교실 밖에서 수행할 수 있다(예: 탁아소 혹은 양로원, 지역기업체 사무실, 극장 혹은 학교 운동장 밖). 실제세계에서 발생하는 학습을 모방하였으므로, 학생을 어떤 특정 환경에 맞추는 것이 아니라 심화집단 환경을 학생과 심화집단 주제에 맞게 조절한다. 그리고 심지어 정규교실 내에서도 가구와 장비를 과제에 맞게 재배열해야 한다. 비록 심화집단을 대개 몇 주 동안 지속하지만, 어떤 심화집단 활동은 더 많은 시간을 필요로 할 때도 있다. 지역 케이블 채널에서 일주에 한번 방송하는 텔레비전 프로덕션 개발 심화집단은 6년 동안 활동을 지속하였다! 학생들이 고등학교에 진학하면 새로운 학생이 이 활동에 참여하게 되지만, 즐거움, 성공, 촉진자의 애착, 그리고 심지어 학생의 전문성 때문에 장기간 본 심화활동을 지속할 수 있었다.

본 지침의 목적은 가능한 한 학교 및 심화집단 학습의 분위기와 환경을 조성하는 것이다. 이와 같은 목적은 정규 학교교육을 비판하는 것이 아니라 상위-목적 학습과정에서 보다 자연스런 연쇄반응으로서 귀납적 학습을 증진하는데 있다.

그 자체로 일이 잘 풀리지 않는다. 바로 여러분이 그것을 이뤄내는 것이다.

—Thomas Edison

제 3 장

심화집단 프로그램실시 7단계

심화집단을 실시하기 위해, 심화집단 프로그램을 조직할 사람을 결정해야 한다. 부모, 교장과 심화전문가들이 참여 조정하였던 성공적인 프로그램을 보았나. 학교전체에서 참여를 권장하는 가장 좋은 방법은 교사, 부모, 행정가, 스탭, 그리고 학생으로 구성된 학교전체 심화팀을 발족하는 것이다. (심화팀 구성에 대한 간단한 지침은 *Schoolwide Enrichment Model*–Renzulli & Reis, 1997, pp. 44–48을 참고하라.) 심화팀을 발족함으로써 주인의식을 신장하고 모든 사람들의 창의적인 참여를 권장하게 된다. 모든 학교가 같은 방법으로 심화집단 프로그램을 조정할 필요는 없지만, 프로그램을 책임지는 사람이 프로그램을 부드럽게 진행하도록 돕는다.

심화집단 프로그램을 실시하였던 교사, 부모 및 행정가가 함께 활동하면서, 프로그램을 시작하고 조직하는 7단계를 도출하게 되었다. 대부분 학교는 순서적으로 7단계를 밟지만, 어떤 학교는 자발적으로 활동을 추진하기도 한다. 프로그램 추진계획으로서, 교사 개인 혹은 교사 소집단은 그들 나름의 심화집단을 개발하기 위해 4장에서 기술할 절차를 조사할 수도 있다.

단계 1: 학생과 스탭의 흥미파악

많은 교사들은 교육과정의 한계 내에서 학생의 선택 정도를 확대하려고 애쓴다. 대부분 교실에서, 학생들의 흥미 혹은 재능차이에도 불구하고 같은 활동을 수행한다. 심화집단을 통해서 미리 규정된 교육과정을 넘어서 흥미를 탐색하고 재능을 개발할 수 있다. 연구에 의하면(6장에서 간단히 다루겠지만), 전통적인 집단구성패턴보다는 흥미별로 학생을 구성하는 것이 산출물과 서비스를 창출하는데 보다 효과적이었다. 심화집단 안에서, 학생강점, 스타일과 선호도에 따라 계속적으로 선택하게 된다. 신문 만들기 심화집단에서, 서로 다른 학생들은 서로 다른 역할, 즉 구성가, 편집자, 사진사나 작가 등 서로 다른 역할을 수행한다.

심화집단 프로그램을 실시할 때, 프로그램 지도자는 우선 학생과 스탭(교직원, 보조자, 양호선생, 상담자, 후원자 및 학교에 있는 모든 사람)의 흥미와 재능을 파악해야 한다. 이상의 자료-수집과정을 통해서 학생과 스탭들로 하여금 자신의 강점과 흥미를 인식하도록 권장하며, 잠재적으로 활용할 수 있는 심화집단 주제들을 개발하게 된다. 학교와 관계가 있는 사람들은 좋아하는 심화집단 활동을 촉진할 기회를 가질 때 자신이 하는 일에 대해 흥미진진해진다.

학생 흥미

심화집단 프로그램 지도자는 여러 흥미평가도구를 사용하여 현재 혹은 잠재적으로 가질 학생의 흥미를 파악한다. 초등학교 학생을 대상으로 부록 A에 수록한 *If I Ran the School*(Burns, 1992) 질문지를 실시하였다. 이 질문지는 각 분야의 특별한 영역은 물론 일반적인 흥미영역을 다룬다. 학생들은 과학, 사회과학, 역사, 수학, 예술 및 언어예술의 일반적인 영역에서 탐색하고 싶은 주제를 10개 고른다. 예를 들어, 과학영역에서, 별과 행성, 파충류, 인체, 암석과 광물 같은 보다 구체적인 주제를 선택할 수 있다.

연구에서, *If I Ran the School* 도구는 일학년 그 이상의 학생에게 적합하였다. 그러나 폭넓게 여러 주제에 노출되지 않은 학생들은 구체적인 영역에 강한 흥미를 보이지 않을지도 모른다. 대신, 이들 학생들은 모든 것에 열정을 보일 수 있다. 이러한 경우에, *Interest-A-Lyzer* 흥미도구를 연령에 적합하게 사용하길 바란다(Renzulli, 1997). 이들 도구는 특정 학년집단 간격별로 사용할 수 있으며(유치원~3학년, 4~8학년, 7~12학년), 학생들로 하여금 현재나 앞으로 흥미를 가질만한 것에 대해 보다 깊이 생각해 보도록 돕는다(*Interest-A-Lyzer*의 항목 예는 부록 A에 수록). 어떤 도구를 사용하든, 학생들은 이 도구를 학교에서 끝내고 학생과 교사는 서로 반응에 대해 토론할 기회를 갖는다. (흥미를 평가하고 가능한 심화집단 활동주제를 결정할 때 사용한 후에, 교사는 이들 자료를 차별화된 교육과정을 시도하거나 교육과정을 압축할 때 사용할 수 있다.) 어떤 학교는 프로그램을 빨리 시작하려고 흥미평가과정을 실시하지 않지만, 흥미파악을 위해 들인 약간의 시간으로 학생 스스로 흥미를 조사하고, 성공적으로 심화집단 프로그램을 활동한다.

다음, 프로그램 지도자들은 학생 흥미범위를 파악하기 위해 교실단위로 질문지 반응수를 세어서, 일반적인 교육과정 영역에서 제공할 수 있는 대략적인 심화활동수를 결정한다. 예를 들어, 과학주제를 표시한 반응수가 높다면 더 많은 과학심화집단을 제공해야 한다. 여러 사전연구에서, 학교에서 15개 내지 20개 흥미영역을 파악하였고 이들 학생 흥미를 교직원, 부모 및 지역사회 재원과 결부시키려고 노력하였다.

학생 흥미

1. 공룡	11. 휴일
2. 산수와 컴퓨터	12. 언어(예: 스페인어, 불어 및 수화)
3. 만화	13. 그림그리기
4. 미술프로젝트	14. 암석과 광물
5. 화산과 지진	15. 새로운 장난감 만들기
6. 괴물과 미스터리	16. 별과 행성
7. 수학게임과 퍼즐	17. 우주, 우주비행사와 로켓
8. 해양생물	18. 파충류
9. 동물과 서식지	19. 화학과 실험
10. 마술	20. 성과 기사

[도표 3.1] 학교전체 흥미평가에서 파악한 20개 학생 흥미.

[도표 3.1]은 한 초등학교에서 반응표시가 많이 되었던 20개 흥미목록이다.

성인 흥미

성인용, 특히 앞으로 촉진자의 역할을 담당할 사람을 대상으로 실시할 흥미평가도구, *Inspiration*(Gentry & Renzulli, 1995)을 개발하였다(부록 A 참조). 이 도구에서, 성인은 자신의 흥미와 재능을 취미, 동호회, 전문적 혹은 개인 경험, 여러 선택활동 목록별로 고려한다. 흥미평가도구는 사고를 자극하는 개방식-질문으로 구성되어 있다:

- "시간제한이 없다면, 여가시간에 무엇을 하고 싶은가?"
- "나의 교사생활 중 가장 뜻 깊은 일이라고 생각되는 것을 한 가지 적는다면?"

• "만일 시간이 있다면, 무슨 이유 때문에 그것을 할 것인가?"

교사회의 때 15분 정도 시간을 들여서 이 질문지를 작성하거나 더 생각해 보고 싶으면 집에서 작성한다. 심화집단을 촉진하려는 교직원과 지역구성원들은 이 질문지를 작성하고 프로그램 지도자에게 제출한다.

단계 2: 벽 구성도 설치

성공적인 프로그램을 실시하기 위해선 벽 구성도를 설치한다. 벽 구성도를 통해서 프로그램 지도자와 촉진자는 학생 홍미에 기초하여 주요 활동주제를 구성하고 학생 홍미를 충족시킬 심화활동 개요를 잡을 수 있다. [도표 3.2]는 예제 벽 구성도로서, 학교마다 다르다. 표 왼쪽에 있는 일반 지식영역으로 벽 구성도를 시작한다. 예를 들어, 어떤 학교는 수학, 컴퓨터와 기술을 한 가지 일반 지식영역에 결부하지만 또 어떤 학교는 예술을 시간과 공연예술로 구분한다. 게다가, 간학문적 연구(Interdisciplinary Studies)라고 불리는 일반영역으로 예술과 과학을 그리고 수학과 사회과학을 결부하기도 한다. 일반지식 영역별로 홍미를 조직함으로써 조직자와 프로그램 지도자들은 학문지식에 적합한 심화활동 주제에 집중할 수 있다. 이와 같은 심화활동 주제에 집중함으로써 활동조직과 개발과정에 보다 학문적으로 접근하게 된다. 벽 구성도의 왼쪽 난을 만들어 넣는 것은 어렵지 않지만 이것을 빨리하는 규칙은 없다. 이와 같은 계획접근법을 통해서 모든 학생의 다양한 홍미를 조절할 수 있다. 벽 구성도 왼쪽 옆에 주제를 나열하는 것은 좋은 생각이 아니다(예: 교통수단, 혁명, 변화, 휴일 등). 한편으로 교육과정에 대한 주제별 접근법을 잘 적용할 수 있지만, 심화활동의 초점은 실

일반적인 흥미영역	특별 심화집단의 예
언어예술, 문학과 인류	학생작가 지침 시인의 워크숍 흑인 문학협회 매스컴의 독자적인 조사보고 집단 아동문학 간행물 개관
물리학과 생명과학	돌고래 보호협회 물리과학 연구기관 맨스필드 환경보호기관 실험 로봇팀
예술	전자음악연구기관 시각예술가 워크숍 메리덴 극단 미국인디안 무용기관 비디오 제작회사 학생 음악가 앙상블 사진작가 지침
사회과학	히스패닉 문화인식협회 학생 역사학회 사회과학연구팀 토링톤 지리협회 창의적 만화가 지침
수학	수학자료출판회사 수학멘토협회 여성수학자 지원집단 수학경진리그 수학퍼즐도전

[도표 3.2] 벽 구성도 예제.

일반적인 흥미영역	특별 심화집단의 예
컴퓨터	컴퓨터그래픽 디자인팀 컴퓨터게임제작 회사 컴퓨터문학 지원협회 창의적 소프트웨어협회 데스크탑 출판회사
체육	실험적 게임연구팀 체육연구팀 체형지원팀 다중문화적 레크리에이션 연구기관
산업예술/가정학	창의적 가구디자인 회사 건축연구팀 실험적 식단집단 미래의상 연구기관 아동보호 지원집단

[도표 3.2] 벽 구성도 예제 (계속).

제-세계 상황에서 전문가가 사용하는 내용과 방법에 초점을 맞추는 것이다: 출발점은 성인 세계에서 지식을 조직하는 방법이다.

각 지식영역에서 개발할 수 있는 심화활동 수를 예측할 때, 학생 흥미도구 결과를 (*If I Ran the School*의 문항에 표시한 반응수를 포함하여) 벽 구성도의 왼쪽 열에 분류하여 기록할 수 있다. 어떤 영역에서 가장 높은 빈도수를 보일 때, 프로그램 지도자는 그 빈도수에 따라 학생의 요구사항을 충족시킬 보다 많은 심화활동을 준비해야 한다. 그 다음에 교직원은 자신이 제공할 수 있는 일반지식에 적합한 심화활동을 준비한다.

기능과 취미에 대한 특별한 주의

취미와 기능이 큰 가치를 갖기는 하지만, 심화집단에서 학문과 예술적 노력이 갖는 중요성을 강조해야 한다. 심화집단 활동을 실시했던 학교와 학군에서, 여러 부모님들은 학생들이 좋아하는 활동을 하느라고 학교일과에서 시간을 빼내는 것에 대해 우려를 표현하였다. 이들 부모들은 집으로 보낸 심화집단 활동을 설명하는 통신문을 읽고 학문적으로 비도전적으로 보이는 일부 심화활동에 의문을 제기하였다. 요리, 케이크 장식, 댄싱, 뜨개질, 바구니 만들기 등의 심화집단 활동을 제공하고 싶은 교직원은 이들 활동기능들이 갖는 여러 측면을 전문화할 수 있는 방안과 도전 및 노력수준을 증진할 수 있는 방법에 대해 브레인스토밍해야 한다. 퀼트에 오랫동안 흥미가 있던 한 교사는 이 퀼트 기능을 지역역사를 기록하는 도구로서 사용하였고 요리심화활동 집단에 참여한 학생은 미각 검사를 사용하는 연구를 실시하고 특별행사를 위한 삽화가 있는 요리책을 준비했다. 학생들은 예술과 기능 심화활동 집단을 소기업(예: 감사카드 만들기 회사, 열쇠고리와 장식핀 회사)으로 변모시킬 수 있으며 그 과정에서 구매, 회계, 마케팅, 광고, 미시경제의 여러 면을 배우게 된다. 특별영역에서 전문가가 하는 것에 집중하고 장래에 무슨 직업을 갖게 될지 선택안들에 집중해 봄으로써, 심화집단 촉진자들은 집단의 도전수준을 높이고 학문적 노력을 할 수 있다.

단계 3: 일과 만들기

심화집단 프로그램을 시작하기 전에(가능하면 학년시작 전에), 프로그램 지도자는 주별 일과 내 심화집단 활동을 실시할 특별시간을 파악해야 한다. 심화활동 집단은 풀아웃 프로그램 시간, 특별 프로그램 혹은 교사계획시간과 상치되지 않고 주별 일과 동안 독립적인 위치를 가져야 한다. 게다가, 재능개발에 초점을 맞추기 위해, 모든 학생들이 심화집단 활동에 참여해야 한다. 체육, 교정읽기 프로그램, 밴드, 합창 및 기타 특별프로그램과 시간이 겹쳐서 학생이 참여하지 못하는 일이 없어야 한다. 심화집단 활동은 학교의 기타 활동과 다르며 별도의 단위시간으로 구분해야 한다. 이 단위시간을 학교 교내사진촬영, 표준화검사 실시 등으로 사용하는 일이 없어야 한다. 다른 활동과 함께 일괄적으로 취급된다면, 학생과 스탭은 학교 측이 심화집단 활동을 경시한다고 생각하게 될 것이다.

심화집단 프로그램을 학년시작 후 기존 일과 내에서 실시하려면, 프로그램 지도자는 매번 스탭의 인풋을 얻어야 한다. 계획과정에서 스탭을 참여시킴으로써 지원을 얻고 프로그램 성공가능성을 높인다. 교직원과 스탭은 다음에 대해 의사결정을 내려야 한다:

- 단위 심화집단 길이
- 연간 단위 심화집단 수
- 각 심화집단 섹션 길이
- 주별 날짜와 시간

[도표 3.3]은 성공적인 심화집단의 예로서 주별 일과, 반나절 일과와 이중 로테이션 일과이다.

게다가, 중학교에서는 수업시간마다 몇 분씩 줄여 심화집단 활동시간으로 활용하는 "Assembly" 일과를 널리 사용하고 있다. 단위시간 블럭을 개발하고자 시간을 재배열하는 것은 각 학교의 재량이지만, 최소한 심화집단활동은 90분 정도되어야 한다.

주별 일과					
	월요일	화요일	수요일	목요일	금요일
1주	심화집단 수학 언어 사회과학 기타	읽기 심화집단 언어 사회과학 기타	읽기 수학 심화집단 사회과학 기타	읽기 수학 언어 심화집단 기타	읽기 수학 언어 사회과학 심화집단

반나절 일과					
	월요일	화요일	수요일	목요일	금요일
1주	읽기 수학 언어 사회과학 기타	읽기 수학 언어 사회과학 기타	심화집단 읽기 기타	읽기 수학 언어 사회과학 기타	읽기 수학 언어 사회과학 기타
2주	읽기 수학 언어 사회과학 기타	읽기 수학 언어 사회과학 기타	심화집단 수학 기타	읽기 수학 언어 사회과학 기타	읽기 수학 언어 사회과학 기타
3주	읽기 수학 언어 사회과학 기타	읽기 수학 언어 사회과학 기타	심화집단 언어 기타	읽기 수학 언어 사회과학 기타	읽기 수학 언어 사회과학 기타
4주	읽기 수학 언어 사회과학 기타	읽기 수학 언어 사회과학 기타	심화집단 사회과학 기타	읽기 수학 언어 사회과학 기타	읽기 수학 언어 사회과학 기타

2중 로테이션 일과					
	월요일	화요일	수요일	목요일	금요일
1주	심화집단 언어 사회과학 기타	읽기 수학 언어 사회과학 기타	읽기 수학 언어 사회과학 기타	읽기 수학 언어 사회과학 기타	읽기 수학 언어 사회과학 기타
2주	읽기 수학 심화집단 기타	읽기 수학 언어 사회과학 기타	읽기 수학 언어 사회과학 기타	읽기 수학 언어 사회과학 기타	읽기 수학 언어 사회과학 기타
3주	읽기 수학 언어 사회과학 기타	심화집단 언어 사회과학 기타	읽기 수학 언어 사회과학 기타	읽기 수학 언어 사회과학 기타	읽기 수학 언어 사회과학 기타
4주	읽기 수학 언어 사회과학 기타	읽기 수학 심화집단 기타	읽기 수학 언어 사회과학 기타	읽기 수학 언어 사회과학 기타	읽기 수학 언어 사회과학 기타
5주	읽기 수학 언어 사회과학 기타	읽기 수학 언어 사회과학 기타	심화집단 언어 사회과학 기타	읽기 수학 언어 사회과학 기타	읽기 수학 언어 사회과학 기타
6주	읽기 수학 언어 사회과학 기타	읽기 수학 언어 사회과학 기타	심화집단 언어 사회과학 기타	읽기 수학 언어 사회과학 기타	읽기 수학 언어 사회과학 기타
7주	읽기 수학 언어 사회과학 기타	읽기 수학 언어 사회과학 기타	읽기 수학 언어 사회과학 기타	심화집단 언어 사회과학 기타	읽기 수학 언어 사회과학 기타
8주	읽기 수학 언어 사회과학 기타	읽기 수학 언어 사회과학 기타	읽기 수학 언어 사회과학 기타	심화집단 언어 사회과학 기타	읽기 수학 언어 사회과학 기타

[도표 3.3] 성공적인 심화집단 일과 예제.

단위심화집단 길이

단위심화집단 길이는 다양하지만, 양질의 산출물 및 서비스와 심도 있는 참여를 위해선 최소한 6주가 필요하다. 사전검사에 참여했던 학교는 다음 심화집단 계획을 위한 반성, 평가와 계획을 위한 별도의 몇 주를 포함하여 8주에서 10주 단위시간을 계획하였다. 가을에 있는 2주 내지 4주 동안에 학생과 교사는 심화집단 철학에 익숙해지고 학교 내 갈등이 있을 경우 해결하고 성공적인 프로그램을 평가하였다.

주 혹은 국가적 수준의 재능개발 프로그램에 참여하는 학교 또한 단위심화활동 시간계획을 지향할 수 있다. 어떤 학교는 심화집단 프로그램을 이용해서 Invention Convention, Destination Imagination, Math League, The International Future Problem Solving Program과 여러 과학 및 기술경진대회와 국가 역사경진대회에 참여하였다. 이들 프로그램들은 자연스럽게 심화집단의 요구조건을 충족시킴으로써 단위심화집단을 계획할 때, 1년 혹은 계절별 시간단위로 이들 경진대회를 염두에 둘 수 있다.

연간 단위시간 수

단위심화집단 길이에 따라 학기에 맞는 단위심화집단 수를 결정할 수 있다. 전형적으로 3번의 8주 단위나 2번의 10주 내지 12주 단위가 일반적이지만 학교마다 맞게 조절해야 한다. 게다가 모든 심화집단은 똑같이 시간조직을 따라야 할 필요는 없다. 학교신문, 연감 혹은 주마다 나오는 학교신문비디오 프로그램 등은 1년 내내 계속 진행할 수 있는 반면, 로테이션으로 실시하는 심화집단활동도 있다. 심화집단의 속성상 전통적인 교수 및 학습과는 다르므로 한 가지로 모든 조직패턴에 맞출 수 없다. 어떤 심화집단은 과제속성과 추구하는 자료수준 때문에 더 시간이 소요될 때도 있다. 계획상의 융통성은 교수 및 학습과정의 융통성만큼 중요하다. 새롭게 실시하는 것처럼 창의적인 문제해결과 실험적인 정신을 갖고 심화집단을 계획한다.

각 심화집단 섹션길이

심화집단은 전통적으로 학생역할을 "교수 밑"에 두지 않는다. 심화집단에서, 개별학생과 소집단은 독립적으로 자신의 속도대로 활동을 하고 처음부터 마지막까지 융통적으로 대부분 활동을 실시한다. 결과적으로, 심화집단은 45분 수업시간보다 더 오랫동안 지속한다는 것이 이점이다.

사전연구에 참여한 학교에서, 교사들은 심화집단 섹션의 결실을 거두기 위해선 최소 1시간이 필요하다는 것을 발견하였다. 짧은 시간으로는 서두르게 되고 직접 조작하는 탐색과 산출물을 개발할 적절한 시간이 부족하게 된다. 여러 심화집단을 조사해 보았을 때, 2번의 수업시간 (2번의 정규수업일과에 해당하는)이 충분한 심화활동 시간이었다. 심화집단에서 추구하는 활동은 전통적인 교수일과 동안 이뤄지는 활동과 달라 심화집단을 매일 실시할 수 없으므로, 이전 섹션에서 했던 활동을 계속 시작하기 위해선 시간이 걸린다. 한 사전연구 지역에서, 매주 2시간 동안 심화집단 활동을 실시하였는데 이와 같은 시간배정을 통해서 보다 심도 있는 학습이 가능하였다.

주별 날짜와 시간

사전연구에 참여했던 학교를 볼 때, 최소한 일주일에 한번 심화집단을 실시하는 것이 활동의 연속성을 유지하는데 필요하다. 만일 2주를 기다려야 한다면, 흥미와 기억이 사라진다. (그러나 예외가 있다: 사전연구에 참여했던 어떤 학교는 2주 내지 3주 휴식기를 두고 심화집단 섹션을 실시하였다. 휴식기동안 촉진자는 학생과 초기 처음에 가졌던 토론을 재고하고 필요한 자료를 수집하였다.) 심화집단의 주별 날짜와 시간은 학교요구와 선호에 따라 좌우된다. 어떤 학교는 금요일날 심화집단을 계획하지만, 또 어떤 곳은 주중에 심화활동을 갖기도 한다.

사전연구에 참여한 학교를 볼 때, 계획의 다양성이 성공의 관건이다. 한 프로그램에서는, 매주 오후에 한 시간씩 심화집단활동을 실시하였다. 정규교실에서 친구들과 함께 심화집단에서 일어난 것을 공유할 시간이 없다는 이유로 오후에 심화집단 활동하는 것을 원하지 않는 교사도 있다. 대부분 중학교와 고등학교는 점심시간이 있어서 일주일에 한번 심화집단활동으로 점심시간을 활용한 경우도 있다. 드라마 클럽, 연감, 학교신문, Destination Imagination, 과학 올림피아드 혹은 미래문제해결과 같은 교육과정 외 활동에 점심시간을 할애하였나면, 학생과 스탭홍미를 충족할 다른 심화집단을 개발해야 한다.

학교가 직면하는 가장 큰 문제가 바로 일과계획으로, 새로운 요소를 학교 주별 일과에 삽입할 필요가 있을 경우 보다 어렵게 된다. 심화집단의 목적인 상위-목적 학습에 가치를 부여하고 집산적인 창의적 문제해결 기술을 사용한다면, 일과계획의 문제를 해결할 수 있다. 한 교사는 "의회도서관을 몇 개의 컴퓨터 칩 위에 놓을 수 있다면, 일과를 약간 변화시킬 정도로 충분히 창의적일 수 있을 텐데"라고 언급하였다.

단계 4: 심화집단을 촉진할 사람을 배정하기

심화집단을 촉진할 사람을 배정하는 것은 단순하게 보일지 모르지만 각 학교상황에 적합해야 한다. 대부분 학교는 교직원과 몇 명의 부모

자원자를 이용하여 성공적으로 심화집단을 운영한다. 어떤 경우엔 보다 넓게 범위를 확대한다. 매우 여러 곳 즉, 교사와 학교 스탭, 부모, 지역자원자와 대학생을 포함하여 심화집단을 촉진할 자원자를 찾는다([도표 3.4] 참조). 지역사회를 참여시키는 방법은 프로그램을 실시할 때 얻을 수 있는 여러 도움에 따라 좌우된다. 의사결정과 프로그램 실시에 보다 많은 사람이 참여할수록 주인의식은 고양되고 성공가능성이 커진다.

학교 촉진자

교사

흥미를 파악하고 일과를 마련한 후에, 심화프로그램팀은 흥미영역 내에서 심화집단을 촉진할 사람을 물색한다. 먼저 찾아봐야 할 곳이 학교이다. 사전연구 프로그램실시에서, 스탭회의 때 학생들이 흥미를 갖는 것을 목록으로 작성하여 배포하였다. 여러 명의 교사가 이들 학생 흥미에 기초하여 자신의 심화집단을 조직하였고, 교사들로 하여금 친구나 다른 스탭구성원과 팀을 이뤄서 보다 즐겁게 심화활동 과정에 참여할 수 있도록 권장하였다.

그 외에, *Inspiration* 도구를 통해서 심화집단 주제로 사용할 취미, 재능 및 흥미를 파악할 수 있다. 질문지결과를 개관한 다음에, 프로그램 지도자는 특별한 흥미와 재능을 가진 교사들이 심화집단 활동을 고려하도록 요청한다. 사전연구에서 볼 때, 질문지를 작성한 한 교사는 교회에서 즐겁게 핸드벨 합창단 활동을 하였지만, 핸드벨 심화집단을 조직할 수준까지 생각하지 않았다. 얼마간의 권고로 학교 양호선생님과 팀을 이뤄서 *The Chimers*: 핸드벨 심화집단을 촉진하는 합창 디렉터로 활동하게 되었다.

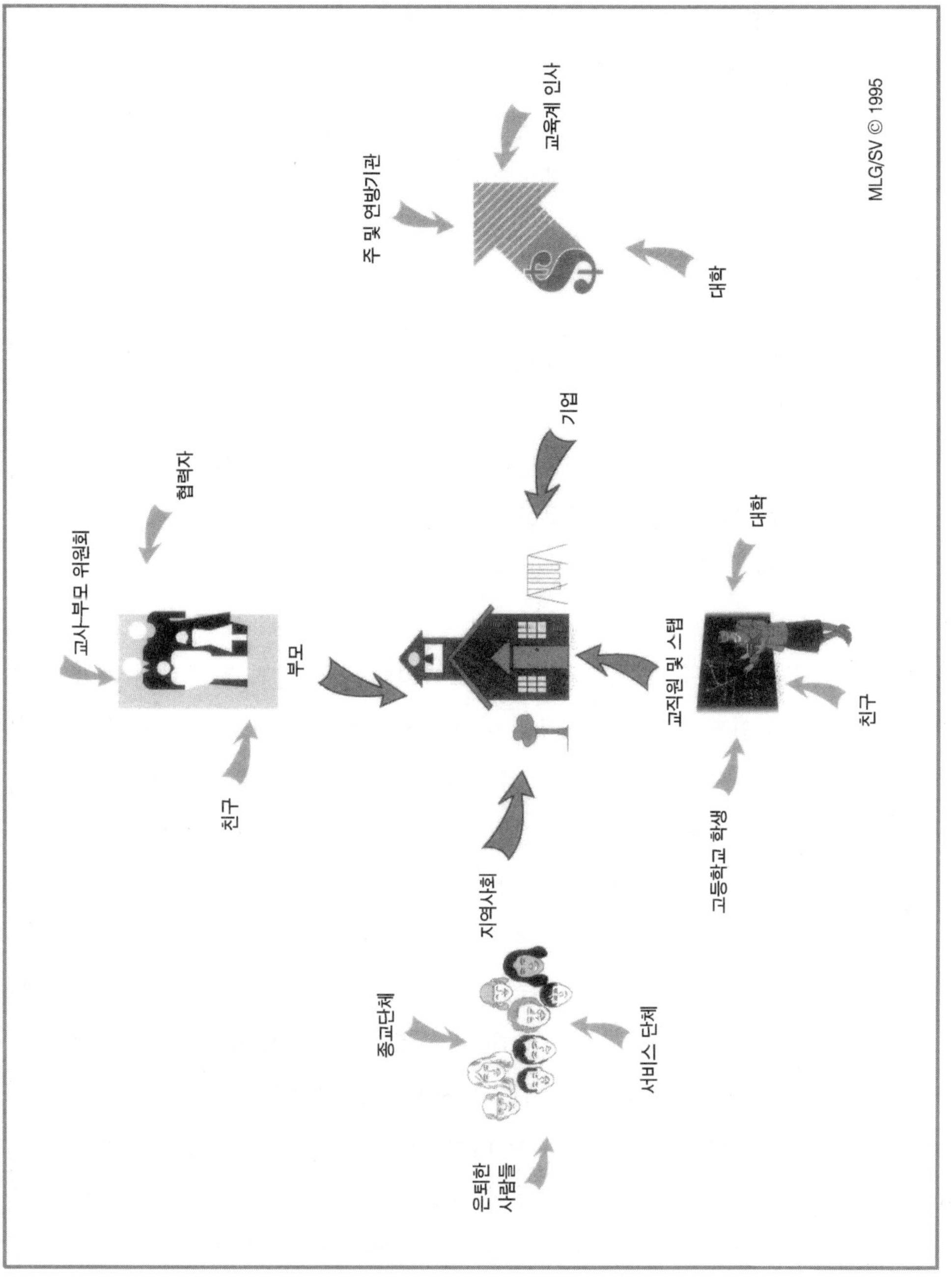

[도표 3.4] 심화집단 프로그램 지원자 자료.

처음, 교사들은 "학문적" 혹은 교육과정과 관련된 심화집단 주제를 제공해야 한다고 생각할지 모른다. 이들 주제는 확실히 심화집단의 초점이 되지만, 교사 그들에게 개인적으로 흥미 있는 주제를 선택할 수 있다. 교사는 어떤 주제에 전문가일 필요는 없지만, 학생과 함께 탐색하고 배우고자 하는 열정이 있어야 한다.

스탭 지원

심화집단을 촉진하는 사람이 교사이긴 하지만, 스탭의 지원을 통해서 심화집단 프로그램의 방대한 자원을 얻을 수 있다. 성공적인 심화집단일수록 모든 사람들이 학교에 참여하고 학교의 모든 성인들을 심화집단에 참여하도록 권장한다!(스탭 지원자는 교직원 회의에 참여하지 않으므로, 프로그램 지도자는 개인적으로 그들과 연계하여 프로그램을 소개한다.) 예외적인 심화집단 활동을 교수도움, 사무원, 후견인, 간호원, 특별교육교사, 상담자, 학교심리학자, 교장과 장학관의 재능과 흥미에 의거하여 설정하기도 한다. 35년 동안 화가로 활동한 한 학교 사무원은 수채화로 여러 번 수상한 경력이 있으며 학생화가라는 심화집단을 조직하였다. 한 후견인은 건물 운영법에 대한 중학생용 심화집단을 조직하였다. 심화집단 학생들은 같은 흥미를 가지고서 교실을 어떻게 운영할지 다루는 다이어그램을 개발하였다. 이 심화집단에서 청사진과 기술 다이어그램 읽는 법을 공부하고, 건축, 난방과 공기순환, 빌딩코드와 건물조경계획에 대한 자료를 사용하였다. 또한, 양호선생님은 해부학과 심리학 조사를 통해서 학생을 이끌어 주었다. 학생들은 건강과 관련 있는 마사지를 다른 사람에게 소개하였고, 지방 쇼핑몰에 전시할 건강생활 포스터와 소개책자를 준비하였다. 학생들은 맥박, 혈압과 콜레스테롤 수치 측정법을 소개하였다. 이 심화집단의 활동을 통해 학생들은 지역 건강 및 의학과 관계된 직업에 대해 생각해보게 되었다.

지역 촉진자

스탭과 학생 홍미 간에 상당한 공통점이 있지만, 학교 스탭들이 가진 홍미가 학생이 가진 홍미를 모두 포괄할 수는 없다. 부모와 지역 자원자가 이 공백을 메워서 학생과 성인 모두를 동기유발하는 전문성과 주제를 다루는 자원, 자료 및 현실성을 제공할 수 있다.

다음의 3단계를 통해서 학교에 연루되지 않는 자원자를 모집할 수 있다.

1. **네트워크 만들기.** 교사, 스탭, 부모와 기타 다른 사람에게 조언을 요청하라: 지역 기업체, 은퇴 지역사회, 기관, 전문 및 서비스 기관, 리그 및 클럽을 점검한다. 이들 자원은 많은 가능성을 가진다. 심지어 교직원 외에 가장 창의적인 심화집단 촉진자를 모집하기 위해 콘테스트를 실시할 수도 있다.
2. **자원할 만한 사람에게 전화하기.** 프로그램을 간단히 기술하라. 홍미가 있지만 장기간 참여할 수 없다면, 초청강사 혹은 견학 보조원 등으로 이들 요구사항을 조절할 수 있는 방안을 모색한다. 심화집단 조직에 홍미를 가진 사람에게 조언을 요청하라.
3. **홍미를 보이는 자원자 만나기.** 보다 자세하게 심화집단 목적을 토론하고, 프로그램과 학교절차에 대한 자료를 제공하고 질문에 대답하라. 학교 밖 자원자와 개인적으로 접촉하는 것이 중요하다. 자원자는 자신의 능력을 평가받겠지만, 학교방문, 코디네이터와의 만남과 프로그램에 대해 토론한 후에 보다 편안감을 느낄 것이다. 여러 이유로 인해, 신참 심화집단 촉진자를 위해서 오리엔테이션 중에 시간계획과 상호협조의 중요성을 강조한다.

심화집단을 촉진하지 않는 스탭 구성원들은 지역 자원자와 짝을 이뤄서 심화활동과 과목에 대한 질문에 대답을 하고, 도움을 주거나, 불상사가 생길 경우 대신 심화집단을 촉진한다. 스탭이 심화집단을 선정할 수 있도록 모든 노력을 기울인다.

부모

학교에서 부모를 염두에 두지 않는 경우가 있다. 심화집단 프로그램에 부모참여를 권장하기 위해, 프로그램 지도자는 심화집단을 촉진할 부모에게 가정통신문을 발송한다(부록 B에 예제 수록). 프로그램 지도자는 또한 교사를 통해서 부모와 접촉을 하거나, 부모회의 혹은 전화상으로 연락을 취할 수 있다. 처음에 꺼려하기도 하지만 어떻게 해서 학교가 부모들에게 협조를 요청하게 되었는지 알게 되면 기꺼이 참여하게 된다. 사전연구에 참여한 학교에 의하면, 한 부모는 프로그램에 도움을 줄 수 있다면 기쁘겠지만 학교에 제공할 만한 어떤 재능을 가지고 있다고 생각하지 않았다. 그러나 학생 흥미영역에 대한 정보를 받았을 때, 이 부모는 수학게임과 퍼즐에 흥미를 보이는 학생들을 생각하고, 자신의 퍼즐과 수학에 대한 열정으로 수학자와 퍼즐가이드라고 하는 심화집단을 개발하게 되었다. 학생들이 자신이 만든 여러 유형의 게임과 퍼즐을 조사하였다. 이 부모의 도움으로 학생들은 퍼즐책과 보드게임을 만들어 가족, 친구와 함께 해보고, 교사는 수업 중 심화센터에서 사용할 수 있었다.

부모참여를 권장하는 또 다른 방법은 심화집단에 도움을 제공할 의향이 있는지 물어보는 것이다. 어떤 부모들은 자신의 기술 및 재능을 의식하지 못하거나 가르치는 것을 불편하게 생각할 수도 있다. 심화집단에서 촉진자를 도움으로써 부모들은 프로그램과 학생-주도적인 학습에 대해 알게 된다. 일단 얼마간의 경험이 쌓이면, 자신만의 심화집단을 쉽게 조직할 수 있다.

어떤 부모들은 심화집단 활동 내내 도움을 제공할 수 없지만, 여전히 프로그램 참여를 희망하기도 한다. 이들 부모는 1주 혹은 2주 동안 참여하여 도움을 주고, 전화나 컴퓨터상의 도움, 불상사의 경우에 백업을 하거나 견학 때 운송수단을 제공하는 등 계속 심화집단에 도움을 제공할 수 있다. 심화조직자는 언제든지 부모를 환영하고 그들의 어떤 도움도 매우 가치롭다는 점을 주지시킨다.

지역사회 자원자

대부분 학교는 기업체와 지역사회 참여를 보다 권장하고 지역사회와 연계수단으로 그들을 심화집단 프로그램에 초청하고자 한다. 아웃리치 프로그램에서, 기업소유주는 고용인을 심화집단 촉진자로 추천할 수 있다(심화집단과 촉신사를 기술하는 브로셔에 대해 잘 알고 있다면).

학교 환경 밖에서 심화집단 자원자를 찾아보는 방안은 아주 많다. 이들 방안은 각 지역마다 다르므로 지역사회 내 개인과 기업체에 좌우된다. 처음에 교사와 부모의 추천으로 시작하는 것이 좋다. 지역사회 자원자는 일반적으로 멘토(mentor)의 역할을 기꺼이 수행하지만, 만약 그렇지 못하다면, 다른 사람을 추천할 수 있다. 이와 같은 접촉을 통해서, 학교는 접촉 대상자와 아이디어망을 개발할 수 있다. 학생관심에 기초하여 전문가가 필요하다면, 전화번호부 역시 좋은 방안이 된다. 공공부서에서도 자원자를 찾아본다. 주차요원, 학생 서비스 스탭, 경찰관과 소방직원들은 기꺼이 시간을 할애하며 여러 학생집단과 활동해본 경험이 있다. 게다가, 심화집단을 촉진하기로 자원하는 것은 양측 모두에게 득이 되는 것이다. 한 지역공원에서 생물학자는 숲과 야생동물학에 대한 심화집단을 촉진하였다. 우선 생물학자가 가져오는 자원 및 자료는 물론 야생동물학자와 함께 직접 경험할 수 있으므로 득이 되고, 공원은 심화집단의 경험에 근거하여 몇 가지 학생프로그램을 설정하게 되어 이득을 얻는다.

교생, 인턴, 그리고 상급 학생

교생과 인턴 또한 심화집단을 조직하는 좋은 자원이다. 이들 학생들은 대개 소집단 학생과 활동해본 경험과 얼마간의 배경지식 및 흥미를 갖고 있다. 대학생 또한 좋은 자원으로 졸업학점으로 지역사회 봉사서비스를 이수해야 한다. 교육학분야 학생이라면, 교실 상황에 참여해야하며, 심화집단 경험을 통해서 이들 학생들은 자신의 기술과 재능을 보다 어린 학생들과 공유할 기회를 갖게 된다.

고등학생 또한 심화집단을 촉진할 수 있다. 고등학교 심화교사, 우등생반 교사, 국립 우등생학회 고문 혹은 진로 상담자도 조언을 제공할 수 있다. 초등학교와 중학교에서도, 상급생은 성인의 지도하에 보다 어린 학생과 함께 활동할 수 있다(이들 학생들을 스탭과 짝을 만들어주는 것이 바람직하다).

학교가 아닌 곳의 스탭

자원자, 지역사회 구성원과 부모는 자격증에 대한 문제를 제기한다. 주마다 지침이 다르므로 학교는 우선 학교가 속한 주에서 문제소지가 될 만한 것을 결정해야 한다. 주에 따라, 자격증이 없는 스탭(예: 보조자 혹은 읽기 보조자원자)이 학생과 활동할 때처럼 이들 상황이 생긴다. 대안적으로, 학교는 감독자로 자격증을 소지한 스탭을 배정하고 자원자가 학생들과 활동하는 동안 여기저기 돌아다니며 도움을 준다. 프로그램 지도자는 프로그램 시작 전에 자격증 문제를 결정지어야 하고, 만약 주와 학교체계 내에서 자원자의 배경을 점검할 필요가 생기면, 프로그램을 실시하기 전에 이를 매듭지어야 한다. 이상의 경우에,

대학 교육학 프로그램을 이수하고 있는 학생들이 바람직한 인적자원이다.

단계 5: 촉진자 오리엔테이션 제공

학교, 지역사회와 부모 촉진자는 강의, 활동지와 전통적인 정보-전달 기술을 사용하여 어떤 주제를 "가르쳐야" 한다고 생각한다. 심지어 경험 많은 교사도 초기에는 전형적인 방식을 고수하려고 한다. 그러므로 촉진자 오리엔테이션은 심화집단을 미니-코스, 테마단원 혹은 전통적인 교사-지시적인 경험과 구분짓는 중요한 역할을 한다. 학생이 주도적으로 직접 참여하여 활동하고 탐색하기 위해선 심화집단에서 촉진자가 활동을 지도하는 방식과 교육관에 실질적인 변화를 유도해야 한다.

심화집단 촉진자 오리엔테이션의 목적은 다음과 같다. 첫 번째 목적은 촉진자로 하여금 전통적인 교수기술과 학생-주도적인 학습 사이의 차이점을 이해하고 인식하도록 돕는 것이다. 위의 목적은 소집단으로 *Skills We Bring With Us*(5장 활동 1.1 참조)라는 제목의 스탭발달 활동에 참여하거나, *Enrichment Clusters: Using High-End Learning to Develop Talents in All Students* (National Research Center on the Gifted and Talented, 1995)라고 하는 비디오테이프를 보고 이들 자료를 개관함으로써 달성할 수 있다. 효과적인 심화집단을 관찰하는 것 또한 촉진자에게 방향을 제시해주는 좋은 방법이다. (5장에서 프로그램에 대한 배경지식을 소개하는 활동을 제시하였다.)

오리엔테이션의 두 번째 목적은 심화집단을 개발하는 실질적인 방법을 제공하는 것이다. 4장에서 단계적인 심화집단 개발을 살펴볼 것이다. 경험 있는 심화집단 촉진자의 발표 및 심화집단을 설명하는 문구와 기존 혹은 이미 끝난 심화집단의 학생작품을 조사함으로써 촉진자는 자신의 심화집단을 계획하고 지도하는 데 실질적인 조언을 얻게 된다.

오리엔테이션을 계속 진행한다. 일련의 심화집단활동이 끝나면, 프로그램 지도자는 최소한 방법론과 심화집단경험을 공유하고, 활동에서 발생하였던 어려움에 대해 이야기하고, 학생 산출물을 개관하고 앞으로 할 만한 심화집단의 주제와 기술에 대해 생각을 교환하는 회의를 최소한 한 번은 계획해야 한다. 이와 같은 토론을 통해 어떻게 학생들이 상위수준의 조사활동에 참여하고 상급-수준의 내용을 사용하였는지 주의를 집중하게 된다. 다시 총괄적으로 살펴보는 시간(debriefing section)은 개인이 활동한 긍정적인 점을 보고하고 앞으로 할 심화집단을 향상하는 방안을 조사하는 것 이 둘 간의 균형적인 분위기 속에서 진행하는 것이 중요하다. 균형에 접근하는 좋은 방법은 다음과 같은 것으로 시작하여 모든 사람의 토론에 대한 생각을 적어보는 것이다: "내가 할 … 방법에 대해 당신의 조언을 부탁드립니다." 이를 통해서 양질의 자원을 어디서 찾을지, 학생 산출물 대안을 확장하는 방법, 주저하는 학생을 참여시키는 방법, 학생 산출물과 서비스에 대한 청중을 찾는 법과 하위 심화집단 사이에 시간을 분배하는 법에 집중할 수 있다. 일반적인 분위기는 연속적, 전문적인 성장의 한 부분이다. 트레핑거(Treffinger), 아이삭센(Isaksen)과 도벌(Dorval)의 창의적인 문제해결(Creative Problem Solving, 2000)에 의하면 피드백과 공유과정 접근법을 제시하여, 이상의 과정을 보다 자연스럽고 융통적이며 "사용자에게 편안하게" 할 때 필요한 도움을 제공할 뿐 아니라 창의적인 문제해결(Creative Problem Solving-CPS)의 기초 또한 소개한다고 하였다. (CPS 과정에 대한 요약은 www.creativelearning.com/PDF/CPS Version6.pdf에서 다운받을 수 있다.)

단계 6: 흥미 있는 심화집단의 학생등록

심화집단 브로셔와 등록 양식이 있는 촉진자 바이오스(선택적)를 통해서 학생은 심화집단을 선택하고 등록한다. 학생이 브로셔를 집으로 가져간다면, 프로그램 지도자는 부모에게 프로그램의 목적과 어떻게 자녀들이 심화집단을 선택하는데 도움을 주셔야 하는지 설명하는 편지를 준비해야 한다(부록 B 참조). 중학교와 고등학교 수준에서는 학생들이 학교에서 등록하는 것이 보다 바람직하다. 그렇지만, 학교는 계속적으로 심화집단에 대한 통신문을 발송하여 부모에게 알려야 한다.

등록을 통해서 심화집단 프로그램을 순조롭게 진행할 수 있다. 학생을 공동의 흥미를 가진 다른 사람과 함께 심화집단에 배정함으로써, 공동상승작용을 도모하게 된다. 이상적으로는, 프로그램 지도자가 한 심화집단에 10명 내지 15명의 학생을 배정한다. 심화집단을 더 삭세크게 할 수도 있지만 흥미 있는 학생 수에 따라 다르다. 심화집단 소개문에서, 촉진자는 최대, 최소 참가 학생 수와 학년수준을 명시해야 한다. 예를 들어, 극장 심화집단은 최소한 15명의 학생이 필요하고 여러 다양한 역할(디자인 세트, 극본 스크립트, 연기, 디렉터 등)이 필요하기 때문에 30명 정도의 학생까지 수용 가능하다. 한편, 기술심화집단에서, 공간과 장비를 고려했을 때 15명의 학생은 많다. 심화집단 내에서 역할균형을 찾는 것이 심화집단의 성공과 관련된다. 촉진자는 최대/최소 명수와 학년수준을 결정함으로써, 심화집단에 학생을 배정하는 사람이 분명한 지침을 얻게 하고 지도할 학생 수를 조절할 수 있다.

등록할 때, 학생들은 순서 없이 세 가지 심화집단을 선택해야 한다. 그리고 나서 학생을 심화집단에 배정하게 되면 우선순위의 심화집단에 배정되지 않았다고 불평하는 문제를 피할 수 있다. (사전연구에서, 학생들은 좋아하는 순서대로 3개를 선택하였다. 비록 대다수의 학생

(85%)이 첫 번째로 좋아하는 심화집단에 배정되었지만, 일부 학생들은 첫 번째로 좋아하는 심화집단에 배정되지 않아서 실망하기도 하였다. 후속 심화집단동안, 학생은 우선순위를 두지 않고 3개 심화집단을 선택하였는데 이 과정이 보다 학생과 촉진자에게 바람직하였다.) 보다 나이든 학생이 등록에서, 친한 친구를 따라 심화집단 3개를 선택하였다면, 이 심화집단에 배정되지 않을 수 있다는 점을 알고 있어야 한다. 학생들은 자신이 참여하고 싶은 심화집단에 등록해야 한다.

촉진자가 심화집단 학생 수를 파악하고 준비할 수 있도록 최소 시작하기 1주일 전에 등록해야 한다. 촉진자는 소수의 등록자로는 성공할 수 없다고 확신할 경우에 심화집단을 취소한다. (취소된 심화집단은 대개 학생들에게 익숙하지 않은 주제인 경우가 많다. 등록 학생 수가 적은 심화집단에 대한 흥미를 증진시키기 위해서, 촉진자는 학생들에게 도입활동을 흥미 있게 소개한다. 도입섹션을 통해서, 다시 같은 심화집단을 제시하였을 때 등록하는 학생이 증가하였다.) 만약 심화집단을 취소하면, 이를 담당하였던 촉진자는 다른 심화집단 활동을 돕는다. 한 초등학교 인형극 심화집단은 원래 10명 학생을 대상으로 개발되었지만 가장 인기 있는 심화집단 중 하나였으므로, 40명의 학생이 지원하였다. 2개의 다른 심화집단은 지원한 학생이 없어 취소되었다. 그리고 이 심화집단 촉진자는 인형극 심화집단 활동을 돕기로 하고 30명의 학생을 2개 인접한 교실에서 확장하여 실시하였다. 인형극 심화집단 촉진자는 두 교실을 왔다 갔다 하면서 지도하고 다른 심화촉진자는 개별 학생에게 도움을 주었다.

실제 심화집단에 학생을 배정할 때 여러 방식으로 조직할 수 있다.

- 학생들은 부모님 혹은 보호자와 이야기를 나눈 후 심화집단 선택 양식을 작성한다. (고등학교 학생은 학교에서 작성한다.) 학생이

양식을 제출하면, 프로그램 지도자는 학생이 선택한 심화집단들 중 하나에 학생을 배정한다. 먼저 지원한 학생에게 우선권을 줌으로써 어떤 학생을 어느 심화집단에 배정할지 결정하는 문제를 줄일 수 있다. 심화집단이 "다 차게 되면" 접수를 마감한다.

- 부모와 의논하려고 등록양식을 가정에 가지고 갈 수 있지만, 특별히 마련한 시간 동안 학교에서 이 양식을 작성한다. 이와 같은 방법을 사용한다면 등록양식 제출을 기다리지 않고 즉각적으로 마칠 수 있으며, 심화집단 선정 시 부모의 영향을 줄일 수 있다. (종종 학생이 강점을 보이는 영역이 아닌 약점을 보인다고 생각하는 영역을 선택하도록 할 때가 있음).

프로그램 지도자가 학생을 등록할 때 기억해야 할 여러 고려사항이 있다.

- 연령, 성, 그리고 능력을 잘 대변하는가? 3개 학년수준범위가 이상적이지만 4개 학년수준범위도 여러 경우에 가능하다. 균형적인 연령 배정 또한 중요하다. 1학년 15명과 5학년 1명 학생이 있는 심화집단을 고려하기도 한다. 5학년 학생은 적절히 도전적인 심화집단을 찾아 다른 것을 선택하려고 할 수도 있다. 저학년 학생을 배정할 때, 최소한 같은 반에 있는 2명의 학생을 배정하여 편안함을 느끼도록 하는 것이 바람직하다. 비록 촉진자가 심화집단의 연령범위를 설정하지만, 프로그램 지도자는 특별요구사항 혹은 어린 학생에 대해선 융통성을 발휘해야 한다.
- 학생 대 교사비율이 적절한가?
- 여분의 성인 감독 혹은 도움이 필요한가?
- 학생 흥미와 능력에 맞게 심화집단을 선택하였는가? 사전현장 연구에서, 일부 학생의 특정요구사항은 심화집단에서 충족되지 않

았다. 이들 특수교육교사는 학생의 적절한 배치를 위해 학생선택을 돕는다. 어떤 곳에서, 생물학적 수준보다 여러 학년수준을 앞서서 발달한 수학 재능이 있는 학생은 전혀 도전적이지 않은 수학 심화활동을 선택하였다. 심화촉진자는 이 학생을 만나 그 내용을 설명하여 보다 도전적이고 대안적인 심화활동을 선택하도록 하였다. 흥미에 기초하여 심화집단을 선택하기 때문에, 배정된 심화집단에 불만을 표현하는 경우는 드물다. 그러나 이러한 경우 역시 발생할 수 있으므로, 만일 학생이 배정된 심화집단을 좋아하지 않는다면, 여러 선택안을 생각해 본다:

1. 아무 것도 안한다. 학생에게 그 프로그램은 단지 시작이며 몇 주내에 어떤 프로그램이 있는지 보러 올 수 있다고 설명한다. 90% 정도 불만을 이와 같은 접근법으로 해소할 수 있으며 대부분은 심화집단 자체보단 심화집단에 누가 있는지 때문에 불만이 생긴다.
2. 학생을 다른 심화집단에 재배정한다.
3. 학생을 계획한 도입심화집단 활동에 배정하여 그 심화집단이 무엇에 관한 것인지 미리 느끼게 한다.
4. 일련의 활동이 끝날 때까지 심화집단에 남아 있는다.

한 학교에서, 어떤 학생이 *Young Voices Ensemble*이라는 심화집단에 대해 부모에게 불만을 이야기했다. 부모는 학교에 연락을 하였고 프로그램 지도자는 학생재배정을 권유하였다. 학부모는 심화집단이 어느 정도 흥미진진하게 진행될 때까지 한 주 더 기다려보기로 하였다. 학생은 더 이상 싫어하지 않았고 이 음악 심화집단 활동에 주도적인 역할을 하게 되어 즐겁게 활동을 마칠 수 있었다. 학생이 선택한 심화집단에 참여하도록 권장하며, 가능할 때마다, 심화집단에서 발생하는 문제를 해결할 수 있도록 필요한 상담과 개별적인 지원을 제공한다.

마지막으로, 학생에게 등록양식을 수거하고 심화집단에 배정한 후에, 다음의 3개 목록 작성을 위한 정보 데이터베이스를 만든다.

1. 담임(Homeroom) 교사용 교실목록(학생들이 어디로 가야하는지 담임교사가 파악할 수 있도록)
2. 심화집단 촉진자용 교실목록
3. 사무실 직원용 교실목록(심화집단 활동 동안 학생에게 용무가 생긴 경우)

단계 7: 성공적인 활동 축하

학생과 스탭에게 너무 인기가 있어서, 성공적인 심화집단 참가자들은 끝맺음을 축하하고 공개적으로 서로 노력에 대해 끊임없이 자료를 제공한다. 학생과 촉진자의 노력을 인정함으로써 심화집단 활동으로 개발한 학생 산출물과 서비스에 주의를 기울이게 된다. 어떤 학교는 사무실 근처에 전시하기도 한다. 사무실 근처 즐비한 운동경기 트로피를 방문자와 학생들이 볼 수 있는 것처럼, "학업적 트로피 상자" 혹은 "심화집단활동 전시" 등으로 모범이 되는 심화집단 산출물을 전시할 수 있다. 학교는 신문기자로 하여금 심화활동과 독특한 산출물 및 서비스에 대해 기사를 쓰도록 초청할 수 있다. 지역사회 구성원은 모든 심화집단 산출물 전시에 참여할 수 있다. 한 사전현장 연구에서, 어떤 학교 컴퓨터 기금모금을 위해 심화집단 산출물을 전시하였다. 심화집단 산출물을 공개함으로써, 학교는 지역사회의 지원, 학교홍보는 물론 지역사회 참여에 대한 인식을 증진시킬 수 있다.

한 학교의 심화집단 실시에 대한 스탭발달 섹션에서, 교사, 스탭, 부모 및 지역 자원자는 그들이 가능하리라고 생각했던 결과를 축하하느라 너무 흥분하였다. 가능성은 끝이 없으며 [도표 3.5]에 일부 아이디어를 수록하였다.

프로그램 지도자는 학생성취에 대해서 수료증을 수여할 수 있다(부록 B에 예제 수록). 학생의 성취를 인정함으로써, 학교는 학생의 흥미와 열정을 유도하고 또한 정규교실에 그 효과를 전이하게 된다. 심화촉진자와 자원자 모두에게 그간의 노고에 대해 학교는 감사카드나 수료증을 보내거나 학교 신문에 그들의 노력을 기재하는 등 여러 방식으로 감사를 표할 수 있다.

심화집단 축하

뉴스레터	학교방송	텔레비전 방송
깃발 달린 비행기	국립방송	학생발표
슬라이드 쇼	뉴스/잡지 기사	학군케이블 아울렛
리셉션	부모회의	게시판
뷔페	산출물 전시	비디오/슬라이드 쇼
오픈 하우스	라디오/텔레비전 산출물 토론	학교모임
신문기자 초청	사진 앨범	브로셔
학교 이사회 초청	축하 편지	학문적 네트워크
누가누가 디렉토리	아침 축하	재능잔치
포트폴리오	서비스 노점전시	병원 프로그램
웹사이트	포트폴리오 자격증	교육부
보이저 게시판	CD 등 기록하기	역사학회
면담 때 공유	학교에 전시	서비스 클럽 프로그램
은퇴모임 프로그램	몰(mall)에 전시	고등학교
"산출물 퍼레이드"	신문	대학 클럽

[도표 3.5] 심화활동축하 방안.

가장 좋은 교실은 교사가 없는 곳이다.

—Jean Piaget

제 4 장

심화집단 개발방법

심화집단 개발은 학생-주도적인 학습목적과 연역적 학습 및 귀납적 학습에 대한 이해에 따라 좌우된다. 심화집단 개발 과정을 시작할 때, 다음의 네 가지 문제를 염두에 두어야 한다.

1. **교수공식 바꾸기(Reversing the teaching equation).** 심화집단을 계획하고 촉진하는 역할은 전통적인 교수와 매우 다르다. 심화집단에서 보다 직접적으로 교수할수록, 학생의 창의성과 조사활동에 대한 책임을 보다 덜 가지게 된다. 비록 여러 계획한 시작활동들이 심화집단의 부분이긴 하지만, 교사역할에 대해 사전에 많이 기술해 놓는다면 귀납적 교수와 학습보다는 연역적 교수와 학습을 지향하게 된다. 활동을 시작하기 전에 전통적인 단원과 레슨 계획이 없다는 점은 의심할 여지없이 얼마간의 불안감을 유발하지만 불안감은 효과적인 귀납적 교수를 지향하기 위한 신호이다. 이와 같은 종류의 학습상황에 편안해지면 적은 시간으로도 직접적으로 심화집단을 촉진하는 경험을 갖게 된다. 심지어 너무 빨

리 편안해지는 것을 보고 과도한 통제와 일상적인 것에서 설명적이고 융통적인 것을 지향하는 상황으로 바뀐 것을 나타낸다고 비약해서 말할지도 모른다.

2. **학생역할 바꾸기(Reversing the role of students).** 편의상, 이 책에서는 "학생"이라는 용어를 사용하였다. 그렇지만 심화집단에서 학생을 보는 관점을 바꾸는 것이 중요하다. 만약 학생을 단지 학생으로만 본다면, 주요 책임이 학생을 가르치는 것으로 생각할 것이다. 만약 가르치는 사람에서 코치, 멘토, 위탁기관, 일반적인 계약자 혹은 그 자리에서 도움을 주는 사람으로 역할을 전향하려면, 학생을 잠재적인 젊은 전문가로 생각해야 한다. 역사연구, 창의적 작문, 저널리즘, 연구연출의 한 부분에서 활동한 사람이 역사학자, 작가, 저널리스트, 극작가, 무대 디자이너 혹은 무대 매니저가 된다. 학생을 바라보는 관점의 변화는 학생이 무엇을 하고 그들을 어떻게 도울지에 대해 다른 기대를 갖게 하므로 매우 중요하다. 레슨을 가르치는 대신, 어떻게 젊은 시인이 작품을 출판하고, 역사적으로 중요한 마을 건물모형을 쇼핑몰에 전시하도록 허락을 얻을지, 그리고 주 야생동물보호 임무수행을 할 수 있도록 젊은 환경론자를 어떻게 도울지 생각하게 된다.
3. **각 심화집단은 독특하다(Each enrichment cluster is unique).** 귀납적 교수지침을 따르는 한, 심화집단을 계획하고 촉진하는데 옳고 잘못된 방법은 없다. 서로 다른 심화촉진자의 흥미, 성격과 스타일은 학습의 독특성에 기여하는 자산이다. 비록 2번 혹은 3번 같은 심화집단을 담당한다고 해도, 심화집단의 각 연출은 독특한 실체를 가져야 한다. 2장에서 심화집단 지침과 본 장에서 심화집단을 계획하는 방법에 대해 살펴보겠지만 심화집단 계획가와 촉진자로서 참여 그 자체는 교사가 무엇을 하는지 표준화한 교수모

델과는 상이한 교수유형을 훈련하는 좋은 방법이다. 이런 점에서, 교사는 자신을 심화과정 참여자로 생각해야 한다. 귀납적인 교수는 자연스럽고 여러 면에서, 구조화된 교수보다 쉽지만 전통적인 교사역할에 기초한 교사의 옛 습관을 탈피해야 한다. 귀납적 교수환경을 경험한 교사는 심화집단과 교실에서 자연스럽게 귀납적 교수레퍼토리 기술을 사용할 수 있도록 연마하게 된다.

4. **의문이 있을 때, 외부를 살펴본다!**(When in doubt, look outward!) 심화집단에서 상이한 교수와 학습을 추구하고 심화집단은 실제-세계의 상황을 반영하기 때문에, 계획, 교수 및 조직패턴의 모델을 위해서 교실이 아닌 상황을 조사하는 것이 바람직하다. 운동코치, 드라마 클럽 조언자 및 학교신문 조언자나 4-H 클럽 리더는 심화집단 촉진자의 모델이다. 과제와 조직패턴은 실제 산출물과 서비스를 창출하는 소기업, 사회서비스 기관, 극장 및 실험실에서 볼 수 있는 활동과 비슷하다. 만일 학습환경이 가능한 한 전통적인 교실에서 볼 수 있는 것과 다르다면 심화집단은 성공적인 것이다.

심화집단 개발 지침

1. 주제선택하기

강한 흥미가 있는 주제에 기초하여 주제를 선택해야 한다. *Inspiration* 질문지에 대한 반응을 검토하고 항상 흥미를 가졌던 주제를 목록으로 작성한다. 선택을 숙고하고, 주제목록과 우선권을 둘 주제에 대해 동료(협조자)와 토론하여 처음으로 해 보는 심화집단에서 주안점을 두어야 할 것을 결정한다. 목록을 보관, 첨가하여 후속 심화집단 주제선택

때 참조한다. 어떤 교사는 참여하고 싶은 주제가 12개나 있다고 토로하기도 하고 어떤 교사는 목록개발시 찾기와 탐색을 많이 해야 하는 경우도 있다. 특정주제나 연구영역의 지역사회 전문가 및 동료와 팀을 이뤄 활동하는 것을 좋아하는 교사도 있다. 일단 이와 같은 유형의 교수에 참여하게 되면, 심화활동 주제에 대한 방안모색으로 여러 경험을 조사하게 된다.

2. 핵심적인 질문조사하기

[도표 4.1]에 있는 6개 핵심질문을 통해서 심화집단을 개발한다. 계획단계에서, 즉각적으로, 계열적으로 혹은 포괄적으로 질문에 대답할 필요는 없지만, 전반적인 심화집단 계획지침을 따를 때 이들 질문들을 염두에 두어야 한다. 핵심적인 질문을 조사함으로써 학생들에게 제기할 질문을 규정하기 보다는 그 주제에 대해서 오리엔테이션을 제공하게 된다. 심화집단을 개발할 때 학생과 처음 갖는 토론에서 질문으로 학생을 유도하고 활동, 자원 및 전문성을 갖고 추구할 산출물에 대해 학생 나름대로 결론에 도달할 수 있도록 돕는다. 질문을 통해서 학생

핵심적인 질문

1. 사람들이 이 주제와 연구영역에서 흥미를 갖는 것은 무엇인가?
2. 사람들이 창출하거나 제공하는 산출물과 서비스는 무엇인가?
3. 사람들은 무슨 방법을 사용하여 과제를 수행하는가?
4. 양질의 산출물과 서비스를 창출하기 위해 필요한 자원과 자료는 무엇인가?
5. 어떻게 누구와 함께 과제 결과에 대해 의사소통할 것인가?
6. 의도한 청중에게 영향을 주기 위해 취해야 할 단계는 무엇인가?

[도표 4.1] 심화집단 개발을 위한 핵심적인 질문.

을 유도하고 스스로 전문가들이 그들 분야를 수행할 때 근본이 되는 관심사를 발견하도록 도입활동을 고안해야 한다. 만약 심화집단을 시작하기 전에 모든 답을 찾았다면, 학생의 입장에서 탐색흥미가 줄어들 수 있다.

3. 핵심적인 질문탐색하기

대부분 경우에, 핵심적인 질문에 대한 답을 상식수준에서 찾을 수 있지만, 명확히 하기 위해 스스로 질문에 답을 찾는 방법과 이와 같은 질문으로 학생을 유도하는 방법에 대해 살펴볼 것이다. 전문가의 활동을 찾는 가장 분명한 방법은 연구하고 싶은 분야의 전문가를 찾는 것이다. 만화가, 조경학자, 의상 디자이너 혹은 주 환경보호기관에서 일하는 사람을 핵심적인 질문에 기초하여 인터뷰함으로써 여러 자료를 얻을 수 있다. 전문가와 이야기를 나눌 때, 전문가가 일상적으로 하는 일, 어떻게 하는지, 무엇을 만드는지에 대해 배우고 싶다는 점을 염두에 둔다. (주의: 일부 전문가들은 방법론 및 전문영역과 관련된 산출물보다는 사실적인 정보를 제공하는 현학적인 태도에 보다 더 이끌릴 경우가 있다. 한 역사학자는 젊은 사람은 "이상적인 역사연구를 할 수 없다"라고 말하였지만, 초등 고학년 학생들이 금세기 전환 중에 지역공장에서 있었던 파업에 대한 아직 보고된 적이 없는 사실을 소개하는 글로 수상을 하였다는 점에 매우 놀라게 되었다.)

일반적으로, 대부분 전문가는 학회와 협회를 조직한다. 인터넷 찾기에서 이들 조직에 대해 많은 정보를 얻을 수 있다. "전문협회"라고 야후 찾기에 입력하게 되면 대략 3,500개 정도 전문 연구조직을 찾을 수 있다.[5] 전문적인 계보학자 웹사이트협회(www.apgen.org)로 들어가면 이 분야에서 사람들이 하는 수많은 역할(연구자, 기록보관인, 역사학자 등), 주와 국립회의, 뉴스레터, 가족기록을 찾아보는 보고서, 계보학 연구방법에 관한 책과 장소에 대한 출판물, 지역목차에 대한 목록과 주별 구성원 디렉토리를 볼 수 있다. 협회구성원은 연사, 멘토 및 지역 기록자료로서 중요한 인적자원이다. 이들을 심화집단 촉진자나 보조 촉진자 혹은 개인 및 소집단 학생의 멘토로 고려할 수 있다. 코네티컷 주를 조사했을 때, 13명의 전문 계보학자의 이름, 주소와 전화번호를 찾을 수 있었고, 아주 가까운 거리에 거주하고 있었다.

핵심적인 질문을 탐색하는 또 다른 방법은 소위 How-to book이나 "Mentors-in-print"라고 하는 방법론에 관한 책이다(여러 방법론 제목을 부록 C에 수록). 다음은 웹사이트에 수록된 전문 계보학자협회의 일부 방법론들이다.

- Greenwood, V. D. (2000). *The researcher's guide to American genealogy* (3rd ed.). Baltmore: Genealogical Publishing.
- Meyerink, K. L. (Ed.). (1998). *Printed sources: A guide to published genealogical records.* Salt Lake City: Ancestry.
- Mills, E. S. (2001, 1997). *Evidence! Citation and analysis for the family historian.* Baltimore: Genealogical Publishing.
- Mills, E. S. (Ed.). (2001). *Professional genealogy: A manual for researchers, writers, editors, lectures, and lib- rarians.* Baltimore: Genealogical Publishing.

계보학 출판회사 웹사이트를 방문하여 보다 방대한 자료를 얻을 수 있다(423개 제목). 도서관 사서와 대학서점에서 또한 방법론에 관한

---

5) http://search.yahoo.com/search?p=professional+associations&b=41&h=s&xargs=

책을 찾아볼 수 있다.

연구방법론에 관한 책을 통해서 교사는 물론 학생들도 연구를 어떻게 수행할지 정보를 얻고 지향할 수 있으며, 또한 특별연구, 장비와 필요한 자료, 데이터자료, 뉴스레터와 연구결과를 발표할 장소에 대한 아이디어를 얻는다. 심화집단이 주안점을 두는 주제에서 나온 전형적이든 특이한 산출물이든지 학생과 공유하는 것이 핵심적인 질문 1, 2와 5를 다루는 좋은 방법이다.

어떤 학생들은 가족사나 유명한 사람의 전기에 대한 계보적 보고서를 작성하고자 하지만, 다른 학생들은 가계도, 사진게시판, 컴퓨터 데이터베이스 혹은 가계도 감사카드를 그래픽으로 나타내보고자 하였다. 어떤 학생은 가족역사 게임판을 준비하거나 어떻게 가족이 합성되었는지 각색하여 설명하고 가족역사에서 주된 사건을 드라마로 만들고자 하였다. 여러 표현양식을 권장하여, 학생들은 창의성과 개인적인 강점을 최대한 이용하게 한다. 심화집단에서 학생의 차이를 조절하는 방법 중 하나는 여러 다양한 표현양식을 권장하는 것이다. (부록 B에 산출물 계획지침은 200개가 넘는 표현스타일 선택안과 7개 교수 산출물 목록을 수록.)

핵심적인 질문 6은 촉진자의 중요과제이다. 실제세계에서, 거의 의도했던 과제는 한 명 이상의 청중에게 영향을 미치게 되므로, 이들 청중을 찾기 위해, 촉진자는 학생작업에 대해 참조기관, 중진자 혹은 마케팅 매니저의 역할을 수행한다. 학교에서, 학생과 부모청중은 하나의 선택안으로 발표와 공연을 연습할 수 있는 좋은 장소이지만, 학생들은 학교 밖에서 청중을 찾을 때 전문가의 역할을 수행한다고 생각하게 된다. 지역신문, 쇼핑가이드와 도시 혹은 주 잡지는 문어적 과제를 제출해 볼 수 있는 좋은 곳이다. 학생작품 전시를 위해 공공건물과 기업체 사무실에 의뢰하기도 한다. 역사학회, 작가클럽, 도시집단, 환경보호기관과 옹호집단 또한 작품발표를 구상하는 학생 연구자와 발명가에게 기회를 제공한다. 노인정, 탁아소, 교회 및 전문기관에 연락하여 학생극작가와 영화작가의 작품을 상연하도록 돕는다. 법정스릴러를 연출한 한 학생집단은 컨트리 바에서 그들의 플롯개요를 발표하였다.

지역사회에서 청중과 발표기회를 찾아주는 촉진자는 옹호자와 준비자의 역할 모두를 수행해야 한다. 예를 들어, 학생에게 전시가 가능한지 지역은행에 연락을 취해 보도록 조언을 하고, 학생에게 은행 매니저의 이름을 제공한다. 그렇지만, 촉진자나 다른 사람과 의논하고 연습한 후에는, 학생자신이 직접 연락을 하고(편지 및 전화), 인터뷰 시간을 잡고, 은행 매니저가 제기할 질문에 어떻게 대답할지 준비한다. 한 학생의 말을 들은 후에, 쇼핑몰 매니저는 "이렇게 열정적으로 하는 학생의 부탁을 거절하기 어려웠다"라고 토로하였다.

학교 밖에서 갖는 발표기회 및 청중을 여러 곳에서 찾을 수 있다. 대부분 전문기관들은 주 및 국가수준에서 뉴스레터를 발행하고 학생작품을 게재하는 잡지와 저널도 많다. 1987년에 설립된, *Concord Review*(www.tcr.org)는 영어로 고등학생 역사에세이를 발행한다. *Stone Soup*(www.stonesoup.com)라는 학생작가를 위한 잡지는 해마다 50편의 이야기와 10편의 시를 발행한다. 이 웹사이트를 방문하게 되면, 세계 전역의 학생작가들과 인터넷으로 교류할 수 있는 기회는 물론 학생작품을 게재하는 것과 관련된 정보를 얻을 수 있다. 그 외에, *Kid News*(www.kidnews.com)는 지구촌 전역의 뉴스와 문학서비스를 제공한다.

거의 모든 제목과 연구영역은 디렉토리가 있어서 학생들이 출판할 수 있는 곳을 목록으로 보여 준다. *The Directory of Poetry Publishers* (Fulton, 2002)는 시와 관련된 2,000개 이상의 책과 잡지를 다루는 21개 정보 카테고리를 포함한다. *The Writer*(www.writermag.com) 또한 출판기회에 대한 정보를 제공하며 아동문학, 기술 및 10대 청중을 위한 작품 같은 특별한 영역도 포함한다.

조직된 지식분야는 유사한 정보원을 가진다. 검색엔진에 거의 모든 주제영역을 선택해 놓고(예: www.yahoo.com; www.google.com; www.teoma.com) 링크를 따라간다. 예를 들어 "고고학"을 치면, 뉴스레터에서 전문영역까지 수많은 정보(예: 수중 고고학)와 실제 견학을 갈 수 있는 곳에서 지금 발굴을 하고 있는 곳에까지 정보를 얻을 수 있다. 한 번에 핵심적인 질문을 다루는 모든 유형의 정보와 자원을 찾을 수는 없다. 정보를 찾는 과정에서, 촉진자는 심화집단을 진행하면서 학생들이 추구할 만한 선택안을 첨가한다.

경진대회에서 또한 발표기회와 청중을 찾을 수 있다. 과학 경시대회, 국가 역사대회와 수학리그뿐 아니라, 사진, 의상디자인, 발명, 감사카드, 희곡, 공학과 웹페이지 디자인 같은 영역에서도 대회를 개최한다. 대회를 준비하고 참여함으로써 학생의 흥미와 열정을 이끌어 낼 수 있다. 그렇지만, 대회에 대한 압력을 학생에게 주지 않으려고 주의해야 한다. 경쟁을 인식하도록 하는 것도 좋은 코치의 일이지만, 대회에 참가하는 결정은 학생자신이 내려야 한다.

기억할 것은, 학생 산출물을 발표하는 기회나 여러 청중을 찾는 방법 모두를 알 수는 없다. 단지 이러한 자원이 있다는 것을 알고, 전형적인 자료가 되는 책이 무엇인지 한두 가지를 소개하고 인터넷 어디에서 그리고 어떻게 지침을 찾을 수 있는지 제시할 수 있으면 된다. 발표기회와 청중을 찾고, 연구조사 편지를 작성하고 출판의뢰서를 제출하고 발표 및 전시하고, 답장을 살펴보는 것은(심지어 부정적인 반응이더라도) 모두 작가, 과학자, 예술가 및 학생이 지향하는 행동을 하도록 동기를 부여하는 창의적인 과정이며 주요 자원인 것이다.

4. 심화집단을 설명하는 글 작성하기

심화집단을 설명하는 글을 작성하는 것은 어렵다. 설명하는 문구는 학생을 사로잡을 수 있도록 심화집단에서 할 활동경험에 대한 본질적인 내용을 전달해야 한다(대략 100 단어 내외). 너무 오랫동안 현학적인 교수에 익숙하고 기존의 학습과 학생관에 대한 습관 때문에 이와 같은 과제는 어렵다. 비록 심화집단 내 여러 학생역할에 대한 아이디어를 전달하고자 해도, 학생이 심화집단에서 할 활동에 대해서 너무 정확하게 기술하지 말아야 하기 때문에 어려움은 더욱 과중된다. 부록 B는 본 연구에 참여한 학교에서 작성한 심화집단의 설명문구이다.

심화집단의 설명문구 작성을 위한 여러 제안점들이 있다. 첫째, 어떻게 해서든지, 설명문구에 "배운다"라는 말을 피해야 한다. 학생들은 배운다는 말을 전통적인 정보전달기능과 연결하게 된다. 대신 심화집단은 정보전달이나 동화보다는 행동을 나타내는 탐색동사를 사용한다([도표 4.2] 참조). 특정 주제나 연구영역과 관련된 과제에 대해 생각해 보자(예: 혼합비료통 제작과 판매에 관련된 심화집단에서, 망치, 드릴, 대패, 용접, 납땜, 시장, 접탁, 진열 및 판매).

"교실" 혹은 '클럽"이라는 용어도 또한 피해야 한다. "이 교실에서 우리는"이라는 말보다는 학생 자신이 전문가와 동일시 할 수 있는 방식을 나타내는 용어를 사용한다. 예를 들어, 지도제작에 흥미 있는 학생을 위한 심화집단의 설명문구는 "창의적인 지도제작 지침에서, 여러분에게 흥미 있는(역사적, 오락적, 새 관찰 혹은 여러분이 선택한 것) 마을의 여러 곳에 대한 특별한 지도를 디자인할 것입니다"라고 작성해 볼 수 있다. 클럽이란 말은 정치적인 이유에서 문제의 소지가 있다: 일반적으로 학교는 클럽활동에 별다른 노력을 기울이지 않았다. 물론 "이 심화집단에서 여러분은 …"처럼 "심화집단 활동" 혹은 "심화집단"

이라고 지칭할 수 있다.

행위 동사				
세우다	모으다	균형을 이루다	올리다	스케치하다
선출하다	전이하다	건축하다	제조하다	설계하다
만들다	창출하다	수집하다	형성하다	본뜨다
조성하다	고안하다	시각화하다	그리다	창작하다
조립하다	패턴화하다	배열하다	조직하다	대응하다
분해하다	쓰다	각색하다	표시하다	편집하다
기술하다	새기다	조각하다	기록하다	개요를 잡다
그리다	포괄하다	펼치다	사진 찍다	배치하다
전시하다	제시하다	증명하다	예증하다	도표화하다
안무하다	춤추다	산출하다	노래 부르다	상연하다
공연하다	표출하다	움직이다	듣다	지시하다
측정하다	재다	계산하다	추정하다	평정하다
결정하다	세다	평가하다	수량화하다	고려하다
계획하다	창조하다	시작하다	상상하다	실시하다
정의하다	생산하다	발전하다	적용하다	편성하다
기르다	감독하다	참여하다	권장하다	인터뷰하다
설득하다	판매하다	제언하다	의사소통하다	토론하다
합성하다	실험하다	책략을 짜다	연습하다	분석하다
예측하다	범주화하다	예상하다	가르치다	관찰하다
비판하다	개요하다	조사하다	획득하다	지지하다
방어하다	합병하다	몰두하다	미화하다	추론하다
정교화하다	탐색하다	축적하다	압축하다	문제를 해결하다
확대하다	비교하다	대조하다	다양화하다	문제를 발견하다

[도표 4.2] 심화집단의 설명문구에서 사용하는 행위동사.

심화집단의 설명문구를 작성하는 또 다른 방법으로 학생 흥미와 참여할 유형의 심화집단 활동에 대해 질문을 제기할 수 있다.

- "시 또는 짧은 이야기를 지어서 감정을 표현하고 싶은가?"
- "야생동물을 보호하는 좋은 방법을 찾아보고 싶은가?"
- "직접 10대를 위한 의상디자인을 하고 싶은가?"
- "모형비행기 경진대회에 참여할 생각을 한 적이 있는가?"
- "슈퍼영웅에 대한 만화책을 만들어 보고 싶은가?"
- "인터넷 소규모 사업구상을 한 적이 있는가?"
- "학교에서 주별(달별)로 텔레비전 쇼를 방영할 수 있는가?"

위의 질문은 심화집단 주제와 관련되면서도 특별한 흥미영역에서 광범위한 활동이 가능할 수 있도록 충분히 개방식으로 질문한다.

멘토기회 혹은 탐색기회(촉진자 입장에서 과도한 사전계획과 지시를 암시하는 언어를 피하면서) 또한 학생의 관심을 끌 수 있다. 예를 들어, 조경과 실내 디자인을 설명하는 심화집단 문구를, "이 심화집단에서는 학교건물과 운동장을 보다 아름답게 꾸며주는 여러 다른 접근법을 찾아볼 것입니다. 혹은 여러분의 집 또는 정원을 디자인할 계획입니다"라고 작성해 볼 수 있다. 심화집단의 설명문구는 학생에게 의사결정기회를 주고 가능할 때마다, 그 주제 내에서도 여러 흥미와 표현스타일을 가질 기회가 있음을 암시한다. 지역역사에 대한 심화집단의 설명문구를 다음과 같이 만들어 볼 수 있다: "1800년대 우리 마을은 어떤 모습이었을까? 이 주제를 연구하기 위해, 역사학자, 지도제작가, 사진작가, 예술가, 인터뷰 참여자와 마을의 역사적 사건 중 하나를 극화할 스크립트를 쓸 사람이 필요하다."

심화집단의 설명문구를 작성한 후에, 심화집단 이름을 브레인스토밍하여 정한다. "교실" 혹은 "클럽"이라는 용어사용을 배제하되 실제세계(학교가 아닌)의 성격을 반영할 수 있도록 심화집단을 정의한다. 심화집단을 지침, 학회, 연구소, 과제 혹은 기업체 등의 이름으로 명명함으로써 심화집단이 일상적인 학교와 다르다는 점을 알릴 수 있다. 동료 및 친구들과 설명문구와 제목을 만들어본다. 심화집단 이름과 설명문구를 보고 등록을 할 것인지 질문해 보고 그들의 반응에 기초하여 다시 만들어 볼 수 있다. 이와 같은 창의적인 계획과정을 실시함으로써 귀납적 학습을 내면화하고 심화집단 실시를 연습하게 된다.

5. 심화집단 실시하기

실질적인 측면에서, 서로 다른 교실과 학년수준의 학생들이 모이므로, 해야 할 첫 번째 일은 학생이름을 알고 학생 서로가 이름을 알 수 있도록 돕는다. 이름표를 주고 (목걸이용) 심화집단 활동 중에 항상 갖고 다니도록 한다. 섹션마다 이름표를 걷어서 다음 섹션에 사용하는 것도 좋은 생각이다. (이름표에 적을 심화집단 로고를 개발하는 도입활동에서 이름표를 활용할 수 있다. 학생들을 몇 개의 집단으로 나눠서 브레인스토밍하도록 한다. 좋은 아이디어에 대해 투표하고 로고를 그릴 사람이 있는지 요청한다. 로고를 복사하여 이름표에 붙인다.)

심화집단에 참가한 학생은 그 주제에 흥미를 갖고 있으므로, 정규교실보다 심화집단에서 새로운 주제를 도입하기가 쉽다. 그렇지만, 심화집단의 기초가 되는 상이한 접근법에 익숙해지려면 시간이 걸린다. 그 주제 하에 전문가들이 사용한 산출물 및 도구를 보여 줌으로써 시작하는 것이 바람직하다. *The Trash Heaps of Mankind*라는 제목의 고고학 심화집단에서, 촉진자는 유명한 지역 고고학적 발견에 관한 슬라이드를 보여 준다 (주의 고고학자에게서 얻은 것). 그리고 나서 교실 앞에 "수수께끼" 상자 안에 무엇이 있는지 추측하는 게임을 만든다. 교사가

상자를 열어 흙손, 체, 장갑, 먼지솔, 못과 끈, 펜과 카메라를 꺼낸다. 이것들이 고고학자가 사용하는 주요 도구이며 쓰레기 더미에서 찾아낸 물건을 조사하는 것이 고고학자가 과거와 현재문화를 분석하는 방법 중 하나임을 지적한다. 지역 발굴지에 관한 간단한 비디오테이프는 현재 활동 중인 고고학자의 활동에 흥미를 갖게 한다. 다음 섹션에서, 근처 대학의 고고학 교수를 초청하여 지역연구기회에 대한 아이디어와 또한 발굴지 보고에 대한 윤리적 책임에 대한 주의사항을 듣는다.

저널리즘에 대한 심화집단에서 심화집단이 제공하는 기회에 학생을 노출하는 부가적인 책략을 소개할 것이다.

찍어내자

신문에 기고하고, 학교신문, 또는 잡지를 만들고 더 나아가 내 신문을 만들어 볼 생각을 해 본적 있습니까? 이 심화집단에서 여러분은 흥미 있는 주제에 대해 글을 써보는 기회를 갖게 될 것입니다. 또한 새로운 사진, 컴퓨터 인쇄, 만화, 인터뷰 및 신문발행의 사업적인 면을 탐색해 볼 것입니다. 지역신문사를 방문하여 작가, 편집가 및 「The Gazette」를 발행하는 여러 사람을 만나볼 것입니다.

때로는 특정 직업에서 하는 일을 그들이 만든 산출물과 의도한 청중에게 소개함으로써 보다 쉽게 시작할 수 있다. 단순히 "신문과 잡지에서 찾을 수 있는 글의 종류와 과제는 무엇인지" 질문함으로써 저널리즘에 대한 심화집단을 시작할 수 있다. 차트나 칠판에, [도표 4.3]의 왼쪽 편에서 본 것 같은 웹 만들기 기술을 사용하여 학생반응을 기록할 수 있다. 웹의 발표기회/청중 난에 "신문과 잡지 외에, 작가, 만화가 및 광고자 등의 활동을 볼 수 있는 곳으로 무엇이 있을지" 질문한다.

관련활동으로 학생에게 게시판에 붙일 신문의 여러 섹션을 가능한 많이 찾아보게 한다. 학생을 집단으로 나눠서, 각 집단에 신문, 잡지와 가위를 나눠주고 어느 집단이 게시판에 붙일 가장 좋은 항목과 가장 특이한 항목을 만들었는지 살펴본다.

웹 도표에 있는 영역 중에서 활동하고 싶은 영역이 있는지 살펴보게 한다[도표 4.3]. 집단의 크기에 따라, 학생 홍미를 존중하여 하위집단을 만들 수 있다. 학생들이 집중하고 싶은 특별한 표현양식이 있는지 질문한다. 또한 개발 가능한 산출물 목록을 학생과 의논하고 집단의 의견일치에 따라 그 목록 중 우선순위를 둘 것에 대해 이야기한다. 한 가지 산출물로 할 것인지(예: 학교 신문) 혹은 하위집단으로 여러 산출물을 만들 것인지(예, 학교신문, 지역신문 난에 학생코너, 학교 텔레비전 뉴스프로그램) 학생들이 결정을 내려야 한다.

6. 내용과 과정증진하기

다음 단계는 심화집단과 역할분담－모든 역할분담도 학생이 결정한 것－에 대한 것이다. 본 단계는 도전수준과 학생 활동의 질을 증진하는 것으로, 촉진자의 중요한 역할이다. 심화집단 연구에서 직면했던 문제들 중 하나가 바로 심화집단에서 추구하는 내용수준과 방법론적 과정을 촉진하지 못하는 일부 촉진자의 실패를 들 수 있다. 홍미진진하고 재미있고, 즐거움으로 가득한 학습은 좋은 심화집단의 바람직한 특징 중 하나이지만, 보다 상급의 기술을 획득하기보다는 기존의 기술에 기초하여 활동을 수행하는 재미있는 게임에 불과할 뿐이라는 비판을 받을 수 있다. 심화집단의 조직영역과 영역연구 분야가 무슨 내용으로 구성되어 있는지 살펴봄으로써, 이와 같은 비판에 대처할 수 있

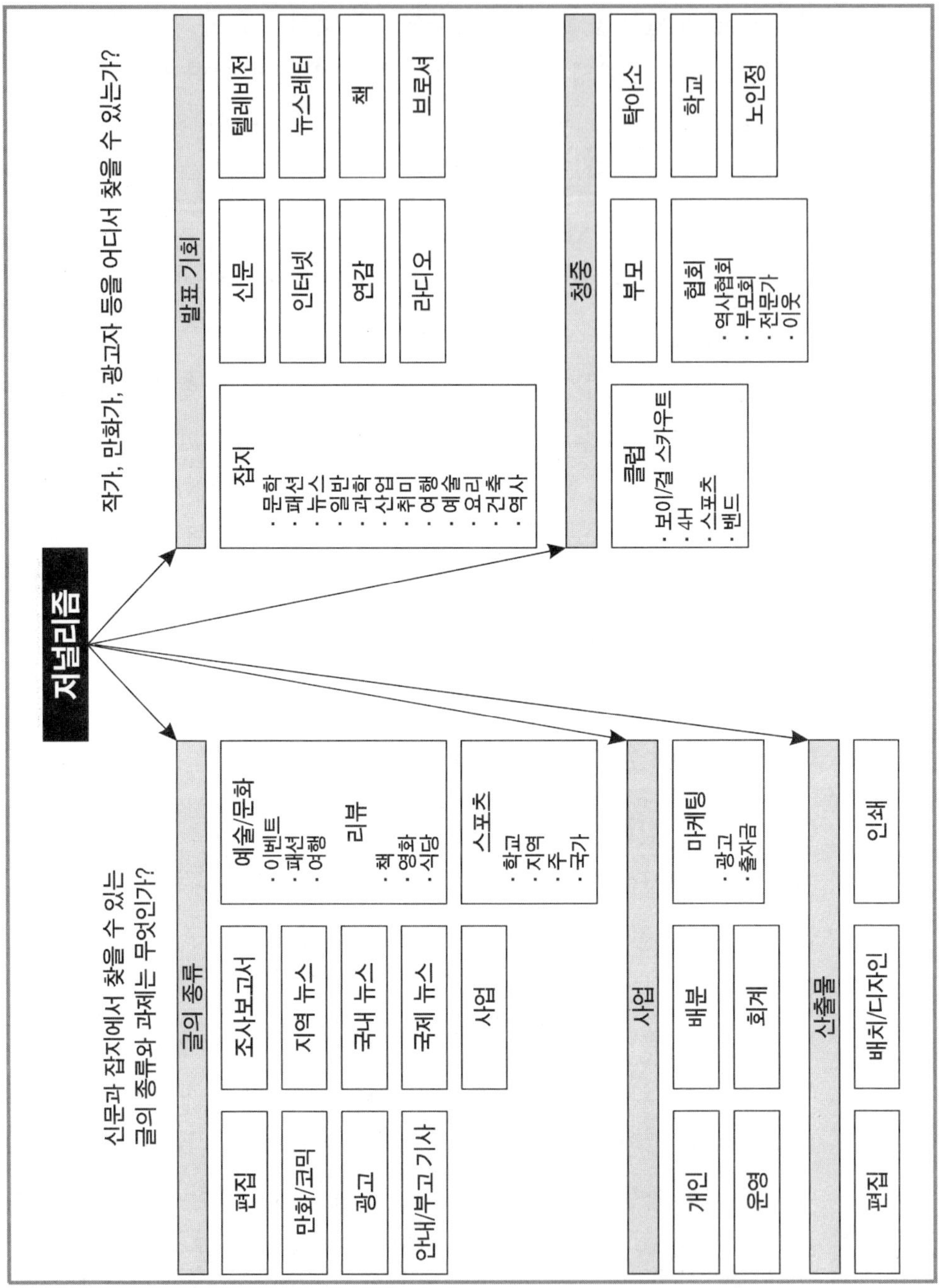
저널리즘
신문과 잡지에서 찾을 수 있는 글의 종류와 과제는 무엇인가?
글의 종류
편집
조사보고서
예술/문화
· 이벤트
· 패션
· 여행
리뷰
· 책
· 영화
· 식당
만화/코믹
지역 뉴스
광고
국내 뉴스
안내/부고 기사
국제 뉴스
스포츠
· 학교
· 지역
· 주
· 국가
사업
작가, 만화가, 광고자 등을 어디서 찾을 수 있는가?
발표 기회
잡지
· 문학
· 패션
· 뉴스
· 일반
· 과학
· 산업
· 취미
· 여행
· 예술
· 요리
· 건축
· 역사
신문
텔레비전
인터넷
뉴스레터
연감
책
라디오
브로셔
청중
클럽
· 보이/걸 스카우트
· 4H
· 스포츠
· 밴드
부모
탁아소
협회
· 역사협회
· 부모회
· 전문가
· 이웃
학교
노인정
사업
개인
배분
마케팅
· 광고
· 출자금
운영
회계
산출물
편집
배치/디자인
인쇄

[도표 4.3] 저널리즘 웹.

다. 예를 들어, 2장에서 언급한 새집과 먹이통 디자인과 판매에 대한 심화집단에서, 촉진자는 새집과 먹이통 제작에 필요한 방법에 대한 책은 물론 조류, 마케팅 및 광고에 대한 책을 얻도록 먼저 도움을 주어야 한다. 새집과 먹이통 만드는 여러 대안들을 고려해 보도록 권장함으로써, 촉진자는 학생들로 하여금 표면적인 사실을 넘어 진정한 방법론을 사용해 보도록 격려하게 된다.

저널리즘 심화집단에서, 도서관 사서와 인터넷 검색을 통해서 ("학생신문") 저널리즘에 대한 일반적, 특수한 면들에 대한 자료를 다양하게 찾을 수 있다. 자료는 작문, 편집, 초판 개정권과 출판의 자유에 대한 복잡한 문제까지 다양하다. 이미 갖고 있는 기술을 가르치는 레슨책들은 사용하지 말아야 한다. 오히려, 특정집단과 관련된 섹션을 개요하고 신문을 만드는 동안 그 역할에 적절한 섹션이나 질문에 대답하거나 부가적인 정보를 찾고, 하위집단 내 혹은 하위집단 간에 생긴 의견 차이를 조절할 때 적절한 섹션을 참조하게 한다. 특별한 기술을 가르치거나 보여줘야 할 때도 있지만(예: 인터뷰를 하는 방법 및 컴퓨터 프로그램이나 사진장비 사용), 산출물 혹은 서비스를 창출할 때 필요한 문제나 과제에 관련된 특정기술이 필요할 때에만 직접 교수한다. 학생이 한 활동이 어떤지 최종적인 평가를 내리는 언급은 피한다. 편집자는 학생작문에 대해 피드백을 제공하지만, 의견차이가 클 경우 대화로 해결한다. 학생들로 하여금 마감일, 스케줄 및 배치, 그래픽 사용과 스타일과 관련 있는 사항에 대해서 집단의사결정을 내리도록 권장한다.

심화집단의 실제성을 증진하기: 원자료 수집하기

상위-목적 학습 상황에서 학생들과 수년간 활동하면서, 원자료 수집과 관련된 어떤 비결이 있음을 발견하였다. 무한대의 자료수집기회가 있으며, 이들 기회를 통해서, 새로운 지식을 창출할 기회를 갖게 된다. 이들 지식이 모든 인류에게 새로운 것이 아닐지 몰라도 지엽적, 상대적인 면에서 독창적인 것이다. 예를 들어, 한 초등학생 집단이 1년 동안 산성비의 주된 오염물질인 황산과 질소 산화물 방출연구에서 산성비 샘플을 수집, 분석하고, 지역에 내리는 산성비의 양에 대한 과학적인 보고서를 준비하게 되었다. 교사는 산성비 측정에 필요한 표준강우량 게이지, 도구 및 과학장비 카탈로그에서 볼 수 있는 항목들을 마련해 주었다. 부가적으로, 학생들은 자료를 통계처리하고 도표로 정리하여 국가와 지역보고서의 자료와 비교하고(인터넷을 통해 얻은 자료), 시간대와 지대별로 산성비의 경향을 보여 주는 지도를 만들었다. 자료는 여러 유형의 오염과 관계있는 환경 및 건강문제를 연구하도록 흥미와 동기부여를 하였고 학생들은 주 환경보호기관, 미국 환경보호청과 국제 기상관제국에서 자신의 연구에 관심을 가질 청중을 찾았다. 또한 학생들은 인터넷 검색 "산성비"에서 알게 된 영국에 있는 학교에서 유사한 연구를 실시하고 있는 학생들과 보고서와 발견사항을 교환하였다.

독창적인 기여를 하는 대부분의 지식분야들은 하나 이상의 도구를 사용해서 자료를 수집한다. 예술가도 잡지스크랩에서 그림, 작곡, 무대 디자인 및 의상 디자인 계획을 기록하는 것 같이 카메라, 오디오 및 비디오카메라, 스케치 화판 등을 사용한다. [도표 4.4]는 학생들이 사용할 만한 도구목록들이다. 어떤 도구는 복잡하여 특별한 훈련이 필요하지만, 대개는 연필과 개수를 세서 기록하는 용지처럼 기본적인 것도 있다. 성평등을 조사연구한 어떤 학생집단은 학교 도서관 소설부에 꽂혀 있는 책 중에서 남자 대 여자의 주인공 숫자를 세어서 기록하였다. 그 결과 여자 주인공이 등장하는 책의 목록을 만들고 책 구매를 요청할 수 있었다. 또 다른 집단은 학교 친구들의 점심 쓰레기와 식습관 연

자료수집 도구와 기술

인터뷰	수질검사 도구	육분의
질문지	산소 분석기	온도계
평정척도	색도 측정기	풍력계
순위를 매기는 도구	공기순환 지표	액체 비중계
관찰기록	돋보기	기압계
사회측정적 장비	현미경	청력 측정기
Q sort	망원경	시력 검사표
검사	리트머스 종이/pH 측정기	혈압 측정기
염도 분석기	저울	색맹검사
전도성 측정기	자	보수계
금속탐지기	줄자	지형
해부장치	전압계	미로
마이크로톰	암페어 측정기	카메라
태양전지	전기 저항계	녹음기
측미계	소음 측정기	비디오 녹화기
생체반응 측정기	분광기	발굴 도구
호흡기 순환 측정기	역전류 검출기	

[도표 4.4] 심화집단에서 사용할 자료수집도구.

구로서 기록용지, 플라스틱 컵, 자와 측정 비커를 사용하였다.

사회과학에서는 질문지, 평정척도, 설문지와 인터뷰를 사용해서 대부분의 자료를 수집한다. 이들 유형의 도구를 개발할 때 도움이 되는 많은 책들이 있으며 이들 방법론에 대한 책들은 자료를 표로 만들고 분석하는 여러 방법을 소개한다(부록 C 참조). 도구개발 시 브레인스토밍을 하고, 질문지 및 설문지 항목을 만들고, 현장검증하고, 지시문을 작성하고, 자료수집하고, 표로 만들고, 분석 및 보고하는 등의 전문적인 방법을 통해서 과학적인 과정을 소개하고 해 보는 기회를 갖는다.

일단 자료를 수집하면, 여러 방식으로 활동을 수행할 수 있다. 여러 집단 간(연령, 학년, 성, 활동, 선호) 및 시간간격별로 비교하는 표준 연구기술을 사용할 수 있다. 학생의 연령과 수학기술에 따라, 자료분석은 단순한 파이 도표에서 복잡한 방법까지 다양하다. 통계 컴퓨터 프로그램과 배치 소프트 프로그램을 통해서 산출물의 질을 높일 수 있도록 돕는다.

자료수집을 할 도구를 개발하도록 돕는 가장 좋은 방법 중 하나는 조사영역에서 전문가들이 사용하는 도구에 익숙해지도록 하는 것이다. 방법론 및 전문가의 조언을 구하는 것도 연구도구에 대해 배울 수 있는 좋은 방법이다. 또한 자료수집과 자료사용에 대해 교사와 학생 모두에게 조언을 주는 연구조사에 대한 책들이 많이 있다. 그 중에 『*Chi Square Pie Charts and Me*』(Baum, Gable, & List, 1987), 『*Looking for Data in All the Right Places*』(Starko & Schack, 1992)와 『*Research Comes Alive!*』(Schack & Starko, 1998) 등이 있다(부록 C 참조).

도구섹션과 자료수집은 학생이 연구하는 연구문제에 따라 다르지만, 흥미분야에서 사용하는 도구에 익숙하게 되면 연구 아이디어 창출에 도움이 된다. 예를 들어, 생리학에 흥미 있는 한 심화집단은 혈압, 체온과 한 숨에 폐에서 방출하는 공기의 양 등을 기록하는 도구사용법을 배운다. 새로운 기술을 사용하여 실시할 여러 연구를 확산적으로 생각해 보고 실험집단과 통제집단 간 생리학적 측정치에서의 전과 후의 차이를(실험 실시 전과 후, 연구 용어를 사용하여) 조사하였다. 일련의 협동연구를 위해 여러 근육조직을 집단으로 나눠서 연구하여 운동으로 나타나는 여러 변화를 소개하였다.

양질의 산출물을 창출할 때 필요한 내용수준과 방법론을 고양하는 수준 높은 활동을 실시하고 실제 연구자처럼 느끼도록 돕는 데 자료를 사용하면 시간이 걸린다. 그러나 전통적인 접근법과 이와 같은 실험연구를 비교한다면—정보를 찾는—학생들로 하여금 자료를 수집하는 참조 틀을 개발하도록 돕는 방법이 갖는 가치를 발견하게 될 것이다.

모든 것을 함께 생각해 보기

촉진자와 촉진자의 역할을 담당하게 될 때 가능성은 사실상 무궁무진하다. 의미 있는 맥락에서, 즉 학생-주도적인 행위과정을 통해서 학생들은 지식과 기술을 획득한다. 다음의 마지막 예를 통해 촉진자와 학생들이 주제를 함께 탐색하고 학교와 지역사회에 이바지할 심화집단을 만드는 모든 단계를 살펴보자.

초록별

환경에 흥미가 있습니까? 여러분은 마음속에 탐험가와 문제해결자가 되는 꿈을 그려보았습니까? 이 심화집단에서, 여러분이 관심을 갖고 있는 환경문제를 찾아보고 자료를 수집하고 행동조치를 취해 볼 기회를 갖게 될 것입니다.

교사는 환경문제에 열의가 있는 초등학생을 위해 초록별 활동을 개발하였다. 촉진자는 환경에 흥미가 있었지만, 주제로 가르쳐본 적이 없어 처음엔 이 심화집단을 촉진할 전문성을 갖고 있는지 생각해 보았다. 자원과 지역전문가의 도움을 받을 수 있는지 프로그램 지도자와 의논한 후에, 학생과 함께 심화집단을 진행하면서 함께 배워보기로 하였다. 심화집단 활동 첫날, 20명의 학생들이 갖고 있는 환경에 대한 관심사를 조사하여 폭넓게 주제목록을 만들었다. 그리고 난 후, 주제에 대해 토론하여 심화집단에서 다룰 가장 흥미 있는 세 가지 문제로 좁힐 수 있었다. 3개 문제는 지역 수질, 마을에서 가능한 새로운 쓰레기 매립지와 지역의 멸종 위기에 처한 생물에 대한 것이다. 이 목록에서 2개 집단을 만들었다: 한 집단은 쓰레기 매립지 중지활동을 펼치고자 하였으며 다른 집단은 지역 멸종 위기에 처한 생물에 대한 자각을 일깨우고자 하였다. 촉진자와 학생 모두 이 문제에 대한 자료를 수집하기 시작하였다. 쓰레기 매립지 문제를 다루는 집단과 지대설정 및 정치적인 행동조치를 토론할 지역 위원회를 초청하였다. 학생들은 지역 대학에서 쓰레기 전문가를 초청할 것을 제안하였으며 쓰레기 매립지 상황을 이해하고 행동조치에 도움을 줄 여러 자원을 찾기 위해 인터넷 검색을 하였다. 촉진자는 전문가를 찾아보고 매체를 이용하여 접촉할 수 있도록 도움을 주었다. 어떤 학생들은 지역 텔레비전 스튜디오에서 활동하였고, 어떤 학생들은 쓰레기 매립지와 관련된 문제를 파악할 때 지역기자와 함께 활동하였다. 허용치를 살펴봄으로써, 지역사회가 일주일에 5톤의 쓰레기를 처리한다고 하였지만, 쓰레기 매립지 담당자에 의하면 일주일에 멀리 떨어져 있는 지역에서 유입되어 들어오는 쓰레기까지 처리해야 하는 것이 60톤임을 발견하였다. 이 정보에 대처하여, 지역사회와 정치적 행동조치에 대한 책략을 세우기 시작하였다. 그 결과, 쓰레기 매립지는 쓰레기를 처리하기엔 부적절하다는 인정을 받게 되었다.

멸종 위기에 처한 생물을 연구하는 또 다른 집단은 쓰레기 매립지 근처로 거론되던 늪지대가 멸종 위기에 처한 거북이의 서식지임을 발견함으로써 쓰레기 매립지 집단에 도움을 주었다. 지역 식물 서식지와 동물 서식지를 이해하기 위해 지역 생물학자를 초청하였다. 지역사회의 다양한 생물을 보고 놀라게 되었고 "바로 가까이에 있는" 여러 종류의 식물과 동물에 대해 알고 있는 사람들이 적다는 가정을 설정하게 되었다. 가정을 검증하기 위해, 학생들은 지역사회 설문지를 작성 실시하고 그 결과를 기록하였다. 학생들은 이미 지역사회에서 멸종 위기에 처한 10개 동물과 15개 식물에 대해 대중이 인식하지 못하고 있음을 발견하였다. 지역 생물학자 및 식물학자와 함께 활동하면서, 학생들은 팸플릿을 만들고 멸종 위기에 처한 생물을 설명하고 이들 생물보호를 촉구하는 행동조치의 필요성을 언급하였다. 쓰레기 매립지 집단은 지역 뉴스와 연계하여 특별 주말방송을 계획하였다. 그 결과, 지역기업체가 학생이 만든 팸플릿을 배포하기로 결정하였다. 3개의 멸종위기에 처한 동물과 12개 식물을 지역사회에 알리고 보호하는 방법을 지역에 알리는 교양방송을 개발하였다.

심화집단을 마감할 때, 촉진자는 학생만큼 배울 수 있게 되었다고 토로하였다. 촉진자의 역할은 학생들이 대개 전문가와 자원을 찾도록 지지하고 그들의 행동조치계획을 수립하고 실행하도록 돕는 것이었다. 또한 학생에게 본보기가 되어 전문적인 지식을 얻는 방법을 보여주었다. 그렇지만 촉진자 역시 연구 중에 전문가가 되어볼 수 있으므로 생산적인 연구 전에 전문성을 꼭 갖추고 있어야 할 필요가 없음을 납득하였다.

> 교사교육을 받는 곳은 대학이 아니라 교사가 활동하는 학교이다.
>
> —Elliot Eisner

제 5 장

스탭개발과 프로그램 평가

적절한 스탭개발과 지원은 성공과 실패를 가름한다. 심화집단 프로그램 실시에 있어서 스탭개발은 형식적 및 비형식적인 면에서 참여하는 스탭의 요구에 반응해야 한다. 본 장에서는 다음 6개 단계를 통해서 제안점과 활동을 살펴볼 것이다.

1. 역량개발하기
2. 이해, 지식과 배경 증진하기
3. 정보를 맥락에 적용하기
4. 지식을 과제에 적용하기
5. 계속적인 지지 제공하기
6. 프로그램 증진을 위한 평가자료 사용하기

각 제안점별로, 프로그램 실시동안에 성공적이었던 여러 전문성 개발활동을 기술할 것이다. 프로그램 참여자는 모든 활동을 할 필요는 없으며, 스탭개발 책임위치에 있는 사람들은 상황에 가장 적합한 활동과 방법을 선택하고 채택한다. 그러나 어떤 활동은 기본적이어서 프로그램 실시 전에 실행해야 한다(부록에 수록함).

스탭개발은 순환적이고 계속적인 과정이다. 심화집단을 실시하기 전에 알아야 할 모든 것을 모든 사람에게 가르치는 것은 불가능하다. 우선, 스탭개발 목적은 심화집단 실시에 필요한 태도, 이해와 확신을 갖게 하는 것이다. 초기 활동에서는 프로그램에 대한 주인의식, 참여의식, 과정과 항상 필요할 때마다 새롭게 정련하려고 하는 의지가 필요하다. 주인의식, 참여와 "잘 할 수 있다"라는 태도는 모든 학생의 상위목적 학습 프로그램을 창출하게 한다.

새로운 프로그램처럼 처음에 도전과 계획상의 결함이 있을 수 있음을 인식한다. 프로그램 지도자는 비판을 환영한다고 모든 참여자에게 강조한다. 그렇지만 비판은 항상 해결책을 수반해야 한다. 이와 같은 단순환 규칙으로 인해 스탭은 일반적인 불평을 넘어서 확산적인 가능한 해결책으로 나아가게 된다.

제안 1: 역량개발하기

"왜 심화집단이 중요한가?" "학생에게 유익한 것인가?" "어떻게 시간을 마련할 것인가?" "내가 그런 기술을 갖고 있는가?" 등 새로운 프로그램은 많은 질문을 받기 마련이다. 본 섹션에서 살펴볼 활동을 통해 학교는 "학생을 교육하는 이유" "실제 학교에서 기억해야 할 것" 및 "교사가 된 이유"를 포함한 여러 가지를 살펴볼 것이다. 다음 내용은 프로그램 개발 단계이다. 부가적으로, 이들 활동을 통해서 서로 동료를 알게 되고 학교 내 지역공동체 의식을 형성하게 된다. 프로그램 지도자는 활동 1.1을 기본으로 실시하고 여러 차례 스탭개발을 통해 반복하여 교사참여의 중요성을 인식하고 교사가 갖는 질문사항에 답변한다. 활동 1.2와 1.3을 통해 교사에게 학생-주도적인 학습과 심화집단의 목적을 교사에게 알릴 수 있지만, 꼭 필요한 활동은 아니다.

활동 1.1

제목: 누군가 듣고 있습니까?

시간: 10~15분

장소: 탁자가 있는 곳

자료: 마커, 차트 종이

지시: 필수

개인 및 집단으로 심화집단 프로그램에 대해 갖고 있는 질문, 문제 및 관심사 목록을 만듦으로써 시작한다. 그 후에 각 집단이 가장 좋은 질문/문제/관심사라고 생각한 바를 서로 반복되지 않는 선에서 전체적으로 공유한다. 방 주위를 돌아다니면서 모든 질문/문제/관심사를 서로 공유하고 마커로 차트 종이에 기록한다. 이 목록을 토론의 시발점으로 삼는다. 본 활동을 통해 교사는 직접 참여하고 참여자의 질문을 철저하게 살펴보게 된다.

활동 1.2

제목: 우리가 갖고 있는 기술

시간: 35~45분

장소: 집단토론이 가능한 곳

자료: "참여한 적이 있습니까?" 및 "누가? 무엇을? 어떻게?" 복사물(부록 E 참조), 차트 종이와 마커

지시: 추천

대부분 교사가 새롭게 시작할 때 염려하기 때문에, 계획단계 초기에 본 활동을 수행해야 한다. 게다가, 교사는 최근 몇 년 동안 교수레퍼토리를 변화시켜야 하는 너무 많은 "새로운 것"들이 쏟아져 내려서 많은 시도들에 대해 "또"라는 태도로 임하게 되었다. 본 활동을 통해 교사는 비전통적인 상황에서 교사가 행해왔던 활동을 분석하고 심화집단 같은 비구조적 학습상황을 촉진하는데 필요한 기술을 이미 갖고 있음을 인식하도록 돕는다.

우선 모든 사람에게 『참여해 본 적이 있습니까?』라는 제목의 핸드북을 복사하여 핸드북에 수록된 세 가지 범주 내에서 참여자를 집단으로 나눈다. 한 집단이 너무 크면, 3개 영역 각 내에서 다시 하위집단으로 나눈다. "누가? 무엇을? 어떻게?" 복사물도 나눠준다.

각 집단에게 차트 종이를 나눠주고 "누가? 무엇을? 어떻게?" 질문에 수록된 토론내용을 4개 영역 안에서 차트에 세어서 기록한다: 학생, 조직, 하고 싶은 말을 기록하고 대략 20분 정도 위 질문에 대답하게 한다. 한 번에 하나씩, 각 집단이 전체 앞에서 발표하게 한다. 각 집단반응들 간의 공통점에 주의를 기울인다. 다음의 공통점은 연구에서 도출된 것들이다:

1. 학생
   - 주제 및 활동에 대한 흥미; 대개 자발적인 것들
   - 다양한 연령
   - 여러 기술을 사용(예: 클럽/팀/집단은 같은 과제를 해야 하는 것은 아니다: 어떤 학생은 글을 쓰거나, 지시를 하거나, 무대 등을 칠한다.)
2. 조직
   - 정규교실보다 덜 형식적임
   - 앉아서 듣는 것에 반해 많이 움직임

- 과제에 따른 다양한 시간
- 특별한 장비, 시설 및 자료가 때론 필요함

3. 학생 역할
   - 보다 지시적이고, 직접 참여
   - 역할분담-모든 학생들이 같은 것을 하지 않음
   - 마감일을 염두에 둠
   - 협동적으로 서로 활동함
   - 학생들이 행한 바를 연습하고, 향상하고 완전하게 하려고 하는 동기가 있음
   - 다른 사람 돕는 것을 당연하게 여기게 됨
4. 촉진자 역할
   - 덜 지시적인 교수: 교수자보다는 안내자
   - 학생들에게 보다 많은 책임부여

활동 1.3

제목: 학생에게 기대하는 것

시간: 15~20분

장소: 토론이 가능한 곳

자료: 학교 임무, 마커와 차트 종이

지시: 추천

본 활동 목적은 교육에서 진정으로 중요한 것이 무엇인지 잊어버린 교육체계의 압력을 받는 상황에서 참여자 스스로를 재조명해 보도록 돕는데 있다. 12년 동안의 교육을 받은 후(유치원부터 고3), 학생들이 무엇을 얻고자 기대하는지 소집단별로 생각해 보고 차트 종이에 기록한다. 이들 기대를 촉진할 때 학교에서 벌어지는 것은 무엇인지 생각

해 본다(속성상 몇 개의 항목은 교육과정에 대한 것이고 대부분은 생활문제에 대한 것이다: 생산성, 행복, 창의성, 시민의식 및 개인과 사회발전).

학교 임무(개인의 잠재력을 최대화하고, 생산적인 시민으로 발전시키고, 민주적 사회에서 사고하고 행동하는 학생을 키우며, 다양성을 존중하는 것)에 대한 복사물을 나눠준다. 참여자가 만든 목록 중에서 학교임무에 대해 토론한다. 심화집단은 교사(학교)가 가치를 두고 있는 것에 집중함으로써, 참여자에게 실제 하고 있는 것과 그들과 학교의 이상을 서로 결부시키게 한다.

활동 1.4

제목: 내가 기억하는 것

시간: 15~30분

장소: 집단토론이 가능한 곳

자료: 차트 종이와 마커

지시: 선택적

활동 1.3의 대안으로서, 교사가 아닌 촉진자에게 본 활동을 잘 적용할 수 있다. 우선 소집단으로 참여자를 나누고 "학생일 때 학교에 대해 기억하고 있는 것"에 대해 토론해 본다. 각 소집단에서 나온 핵심의견을 발표하고 차트종이에 기록한다. 의견은 다양하지만, 대부분 교사, 교육과정 외 활동, 특별 프로젝트 활동과 집중적인 흥미를 같이 공유했던 학생들 등 몇 가지 영역으로 집중될 것이다. 또한 "나의 학생이 기억하길 바라는 것"과 같은 차후질문을 제기할 수 있다. 앞으로 촉진자가 될 사람에게 그들의 경험을 물어봄으로써, 전달할 경험의 종류는 물론 학생에게 학교가 심어줄 기억도 고려하게 된다. 의미 있는 산출물을 창출하기 위해 상호 흥미 있는 분야에서 학생과 성인이 함께 활동하는 것임을 강조하고, 심화집단의 개념과 토론내용을 연결짓는다. 좋은 기억을 만들 상위-목적 활동기회에 모든 학생이 참여할 수 있다는 점을 강조한다.

제안 2: 이해, 지식과 배경증진하기

새로운 심화집단 프로그램을 실시할 때, 모든 사람들은 철학, 목적, 의도 및 기대하는 결과에 대해 같은 정보를 갖고 있어야 한다. 스탭과 자원한 촉진자 모두는 다음의 지침서를 마련하여 프로그램에 대한 기본적인, 비형식적 섹션에 참여한다. 다음의 활동을 통해 앞으로 촉진자가 될 사람에세 심화집딘 프로그램을 소개하고 심화집단과 미니코스 및 시뮬레이션 같은 여러 교수형태 간의 차이점을 조사하도록 돕는다.

활동 2.1

제목: **알아야 할 모든 것**

시간: **20~60분**

장소: **집단 세팅**

자료: **심화집단: 모든 학생의[6] 잠재력 개발을 위한 상위-목적 학습사용 (선택적)**

지시: **필수**

---

6) 학교는 국립영재연구소(The National Research Center on the Gifted and Talented (860-486-4676); www.gifted.uconn.edu/nrcgt.html)에서 만든 비디오를 준비한다.

본 활동목적은 심화집단을 소개하고 심화집단 프로그램을 실시하는 이유에 대한 논리적인 주장을 제기한다. 우선 다음의 요지를 간단히 살펴봄으로써 스탭개발 섹션을 시작한다(각 요지는 다루고자 하는 내용을 포함한다):

- **왜 심화집단을**? 심화집단은 학교전체 심화를 위한 특별시간을 마련하여 학생과 스탭 모두 심화학습과 교수에 참여할 기회를 부여한다는 점을 강조한다.
- **심화집단이란**? 심화집단은 정규시간 동안 특별히 마련한 단위시간에 공통의 홍미를 가진 사람들이 그 주제를 함께 탐색하는 것임을 설명한다. 심화집단은 학생-주도적이고, 교사는 촉진자의 역할을 하는 학습경험으로 상급수준의 내용과 방법을 적용하여 실제-세계 청중을 대상으로 산출물과 서비스를 개발한다. 이와 같은 기회참여에 홍분하지 않을 사람이 있는가?—학생과 촉진자 모두 자신이 강점을 보이는 영역, 홍미와 열정을 보이는 영역에서 활동한다. 결과적으로 본 프로그램은 전형적으로 영재교육에서 사용하던 활동을 모든 학생들에게 확대하는 것이다.
- **기존의 할 것이 있는데 왜 심화집단을**?
  a. 교사와 학생 모두 강점을 보이고 홍미 있는 영역에 참여시켜서 연구자가 직접 사용하는 방법을 사용하여 실제 산출물과 서비스를 창출하는데 목적이 있음을 토론한다. 어떻게 이와 같은 목적이 학생교육의 임무에 적합한지 또한 토론한다. 심화집단에서 학습한 기술을 역으로 교실에 적용하고 일반 교육프로그램을 강화할 수 있음을 언급한다.
  b. 전형적인 일과시간 중에 모든 학생들이 이상의 학습유형에 참여할 기회를 갖는 것이 아님을 강조한다. 이와 같은 상황은

특히 여러 불이익을 받을 학생에게 더욱 그렇다. 학생의 강점과 홍미에 가치를 부여하는 곳을 만들고 이를 사용할 기회를 부여한다.

c. "심화집단 프로그램개발 만큼 중요한 것에 할애할 시간을 뺏지 않고도 심화프로그램을 실시할 수 있을지" 생각해 보게 한다. 스탭재능개발을 강조한다-"훌륭한 것"을 만들기 위해 촉진자와 홍미를 공유하고 있는 학생에게 활동할 수 있는 기회를 준다.

d. 학교에서 유사한 홍미를 갖고 있는 다른 사람과 함께 강점을 보이며 홍미가 있는 영역에서 활동할 시간이 필요하다는 점에 동의하는지 알아보기 위해 학교임무를 다시 살펴본다.

각 요지를 토론한 후에, 심화집단: 모든 학생의 재능개발을 위한 상위-목적 학습사용(The National Research Center on the Gifted and Talented, 1995)에 관한 비디오를 본다. 첫 20분은 자신의 경험을 이야기하는 학생, 스탭과 촉진자에 대한 내용이다. 비디오 후반부에서는 연구결과 외에 실시단계를 개관한다. 비디오를 다 본 후, 참여자들 간의 토론을 권장하여 진행 전에 갖고 있던 질문에 대한 대답을 얻게 한다.

활동 2.2

제목: 좋은 것, 나쁜 것 등

시간: 45~60분

장소: 집단 세팅

자료: 설명카드, "심화집단 평가" 복사물(부록 E 참조)

지시: 추천

본 활동을 시작하기 전에, 모든 참여자들은 심화집단: 모든 학생의 재능개발을 위한 상위-목적 학습사용 비디오를 보았는지 확인한다. 심화집단 활동설명문의 예를 복사하여 나눠준 다음 각 심화집단의 장점을 평가하게 한다. 이 때 "심화집단 평가" 복사물을 사용한다. 2~3개의 심화집단 샘플이 있다. 어떻게 심화집단을 향상할지 제안점을 제기한다(본 활동은 활동 3.1을 유발한다).

제안 3: 정보를 맥락에 적용하기

새로운 프로그램 및 개념을 토론하고 재차 기술할 때, 참여자들은 보다 깊게 이해하게 된다. 그렇다고 필요한 바를 완전히 이해하고 프로그램 진행을 효과적으로 하기 위해 필요한 기술을 모두 구비하였다고 할 수 없다. 이해와 효율성을 증진하기 위해, 다음의 시뮬레이션을 사용한다. 활동 3.1을 통해 심화집단과 교사-주도적인 미니-코스 사이에서 차이점을 찾을 수 있다.

활동 3.1

제목: 심화집단 개발

시간: 45~60분

장소: 함께 활동할 6~10명을 위한 공간

자료: 작성한 *Inspiraion* 설문지(부록 A 참조), "심화집단 개발"과 "심화집단 평가" 복사물(부록 E 참조), 산출물 계획 지침(부록 B 참조)

지시: 필수

좋은 심화집단을 만드는 과정과 속성을 이해하기 위해 본 활동은 중요하다. 본 활동은 미니-코스를 개발하는 대신 심화집단 활동 비전과 이론을 구체화하도록 돕는다.

앞으로 촉진자가 될 사람은 *Inspiration* 설문지를 작성한다. 본 활동에서 모든 사람들은 심화집단의 개념에 대해 알아보고, 촉진자 및 학생역할에 참여한다. 설문지 반응에 대해 간단히 살펴보고 흥미 있는 심화집단의 촉진자 역할을 할 자원자를 참여자 중에서 찾는다. 자원자는 심화집단 이름을 짓고 차트 종이에 자원자와 심화집단 이름을 적는다. 한 집단 내 6~10명에 대해 한 명의 심화촉진자가 필요하다.

다음, 심화촉진자는 "심화집단 개발" 산출물 계획지침 복사물과 차트종이와 마커를 집는다. 나머지 참여자들은 여러 심화집단 중에서 하나를 선택한다. (참여자에게 성인 혹은 학생역할을 할 수 있는지 물어보기도 한다.) 복사물에 있는 질문에 대답하고 전체적으로 자신의 집단결과를 발표한다. 30분 활동시간이면 충분하지만 5~10분 정도 남았을 때 미리 시간을 알려준다.

심화집단에 대한 각 질문의 반응은 다음과 같다:

1. 이 심화집단의 이름을 무엇이라고 할까? 디오라마, 우주, 모델 만들기, 시각물 전문가
2. 이 심화집단의 산출물과 서비스는 무엇인가? 박물관 전시물, 윈도우 전시물, 디자인 컨설팅, 건축계획
3. 심화집단 구성원의 역할은 무엇인가? 디자이너, 연구자, 공무원, 발명가, 건축 감독관, 예술가
4. 심화집단이 기대하는 상급수준의 내용, 자료 및 방법은 무엇인가? 문제 및 과제와 관련 있는 자료종류, 문제찾기, 비평적이며 창의적인 문제해결, 정보, 역사적 사실 및 마케팅 책략, 예술적 묘사, 그래픽과 시각 예술 자료를 사용하고 적절히 판단하는 방법

5. 산출물과 서비스의 청중은 누구인가? 홍미 있는 주제에 대한 상가전시, 공룡전시, 공공도서관 도서전시 및 타운 운송시스템

심화집단 아이디어를 만들어본 후에, 활동 2.2("심화집단 평가") 복사물을 사용하여 "모의 심화집단"을 서로 공유하여 토론한다. 토론을 통해서, 심화집단의 본질과 철학을 강화한다. 여러 방향에서 토론하도록 참여자를 권장하고 학생 홍미가 바로 심화집단과 활동을 유발하는 것임을 강조한다.

제안 4: 지식을 과제에 적용하기

이전 활동을 통해 형성한 지식과 공감을 바탕으로, 프로그램을 행동으로 옮길 자원자 목록을 만든다. 한 사람을 리더로 지목하기 보다는 역할을 분담하고 아이디어와 관점을 통합하는 팀 접근법이 바람직하다. 자원자의 열의뿐 아니라 프로그램에 비판적인 시각을 갖고 있는 사람도 포함하는 것이 중요하다. 비판은 좋은 관점을 반영하고 문제해결을 권장한다. 여러 배경을 가진 사람을 포함함으로써-교직원, 스탭, 행정가, 부모와 학생-모든 참여자가 주인의식을 갖는 프로그램을 개발하게 된다. 팀을 만들기 위해, 홍미를 보이고 구성원이 되고 싶지만 참여를 주저하는 사람에 대해 살펴볼 필요가 있다. 참여를 권유하는 한 가지 방법은 특정한 강점을 갖는 여러 사람들이 어떻게 참여하는지(예: 광고, 평가, 스케줄, 조직) 보여 주는 것이다.

활동 4.1

제목: 단계파악하기

시간: 45~60분

장소: 집단토론

자료: 차트 종이와 마커

지시: 필수

본 활동을 시작하기 전에, 참여자는 3장 혹은 3장에 대한 요약을 미리 읽어야 한다. 촉진자는 각 실시단계를 개요하면서 시작한다.

1. 학생과 스탭의 흥미파악
2. 벽 구성도 설치
3. 일과 만들기
4. 심화집단을 촉진할 사람 배정하기
5. 촉진자 오리엔테이션 제공하기
6. 흥미 있는 심화집단의 학생등록 받기
7. 성공적인 활동 축하

각 단계를 개괄적으로 살펴본 후에, 참여자를 7개 집단으로 나누고 각 집단에 차트종이와 7개 단계 중 하나를 나눠준다. 각 집단은 그들 학교현장에 적용되는 정보를 갖고 할당된 단계를 진술할 방법에 대해 생각해 본다. 대략 10분 후에, 적은 종이를 바꾼다. 이전 집단이 적어 놓은 것을 읽고 추가하고 싶은 것을 적는다. (처음 10분이 지나면, 이 단계를 계속하는데 덜 시간이 걸린다). 각 집단이 처음에 적었던 종이가 다시 돌아오면, 종이에 적힌 생각 중에서 가장 많은 것을 발표한다. 잠정적으로 잘못되었다고 생각하는 것에 대해서는 전체적으로 토론하고 가능한 해결안을 모색한다. 팀을 계획할 때 참고로 사용할 수 있도록 토론반응을 수집하고 모은다.

활동 4.2

제목: **역할파악하기**

시간: **10분**

장소: **집단토론 세팅**

자료: **팀 계획하기**

지시: **선택적**

활동 4.1 다음에 본 활동을 잘 실시할 수 있다. 참여자는 활동 4.1의 과제를 할 사람을 파악하고 과제를 수행할 시간계획을 세운다. (활동 1.1에서 제기된 문제가 또한 토론의 방향성을 제시한다.) 참여자를 격려하여 그들에게 가장 적합하며 하고 싶은 것을 선택하게 한다. 다음 4개 질문은 활동 방향성을 제시한다.

1. 필요한 것이 무엇인가?
2. 누가 무엇을 할 것인가?
3. 무슨 정보, 자원, 훈련이 더 필요한가?
4. 파악한 과제와 항목에 대한 적절한 시간계획은 무엇인가?

팀은 생산적인 활동섹션에 전체 팀을 포함할 것인지 포함하지 않을 것인지 계획한다.

활동 4.3

제목: **벽 구성도 설치**

시간: **15분**

장소: **집단토론**

자료: **벽 구성도(54쪽 참고), 마커와 차트 종이**

지시: 추천

3장에서 예로 기술한 벽 구성도를 사용하여 우선 교사와 학생의 흥미에 대해 토론하고 흥미를 지식영역별로 조직하고 차트 왼쪽 옆에 있는 정보난에 적는다. 그 후에, 차트 왼쪽 옆에 적어놓은 주제목록 중에서 가능한 심화집단 활동이 있는지 브레인스토밍한다. 마지막으로, 참여자는 특정 심화집단을 주 기준과 연계하여 그 기준을 충족시킬 방안에 대해 토론한다. (참여자는 빌 본판테의 심화집단 비디오 제작회사와 주 기준에 대해 참고로 살펴볼 수 있다.) 주 기준을 살펴봄으로써 참여자가 심화집단 활동과 "정규"학교가 추구하는 목적을 서로 연계하여 생각할 수 있도록 돕는다.

제안 5: 계속적인 지지제공하기

일단 프로그램을 실시하고 심화집단이 진행중이면, 전문성을 개발할 수 있도록 계속적으로 지지를 해 준다. 스탭개발의 4개 필수요소를 통해서 계속적인 향상을 지속할 수 있다. 첫째, 프로그램 지도자는 프로그램의 새로운 점에 대한 오리엔테이션을 제공한다. 둘째, 프로그램 지도자는 초기 제공단계에서(미니-코스와 유사한) 진정한 심화집단으로 옮아갈 때 필요한 지원, 지도와 격려를 제공하는 틀을 마련한다. 셋째, 프로그램 지도자는 촉진자들로 하여금 학생들이 상급-수준의 내용과 방법론을 이용하고, 심화집단과 전체 프로그램의 계속적인 향상을 위해 필요한 정보를 평가할 때 이들 내용과 방법론을 사용하도록 돕는 과정을 마련한다.

새로운 사람에게 오리엔테이션 제공

새로운 사람이 계속적으로 학교에 유입된다: 신입 교직원, 신입생, 부모와 지역사회 자원자. 심화집단 프로그램을 개발하면, 프로그램 지도자는 체계적으로 새로 온 사람을 소집하고 프로그램에 필요한 지식, 배경과 기술을 제공한다. 일부 현행활동을 반복하고 본 매뉴얼 같은 자료를 제공함으로써 새로운 사람에게 심화집단 프로그램 이면의 철학과 방법을 소개한다. 프로그램 지도자는 또한 새로운 사람에게 멘토관계를 소개하는 자료를 개발할 수 있다. 각 팀 구성원은 새로 온 사람이 심화프로그램에 투입될 때 이들에 대한 책임이 있다.

미니코스에서 심화집단으로 옮아가기

초기에, 심화집단은 교사주도적인 미니-코스에서부터 완전한 심화집단까지 다양하다. 아무리 철저하게 스탭개발 섹션을 실시했어도, 일부 촉진자들은 교수와 학습에 귀납적, 학생-주도적인 접근법을 사용하는데 익숙하지 않을 수 있다. 계속적으로 격려함으로써 익숙하지 않은 교사에게 교수스타일을 변화시키고 보다 진정한 심화집단을 개발하도록 돕는다. 훌륭한 심화집단은 학교전체에서 축하해 줌으로써 도움이 될 만한 모델을 교사에게 보여 줄 수 있다. 게다가 스탭개발 섹션 중에 촉진자 나름대로 심화집단을 평가해 봄으로써 자아-평가와 촉진을 유발하게 된다. 잘 실시된 것을 확인하고 단계를 파악하는 접근법을 통해 다음 번 프로그램을 향상할 수 있다. (집단토론 시 심화집단을 평가함으로써 다음 평가 섹션에서 같은 문제로 지적받지 않으려고 하기 때문에 심화집단을 향상하는 결과를 가져온다.)

스탭 참여시키기

프로그램을 시작할 때, 심화집단을 촉진하도록 강요해서는 안 된다; 반감과 반목만 빚어낼 뿐이다. 모든 스탭이 어떤 방식으로든 프로그램에 참여하는 것이 이상적이다. 촉진자로 참여하기 싫은 사람은 다른 교사나 지역 자원자를 돕는다. 심화집단을 촉진하기 싫어하는 이유로는 프로그램 반대에서부터 심화집단을 성공적으로 이끌 수 있다는 확신부족 등을 들 수 있다. 그러나 마음은 변화하기 마련이다. 때론 주저하던 사람도 누군가 심화집단을 촉진하는 것을 옆에서 봄으로써 스스로 시도하게 된다. 심화집단에서 학생 및 동료와 경험을 나눈 후에 흥미가 증진되기도 한다. 스파크가 무엇이든지, 오기로 결정한 사람을 위해 문을 열어놓는 것이 중요하다. 프로그램 실시 경험상, 처음 60~75% 교직원만이 심화집단을 촉진하려고 하지만, 3번의 프로그램 활동연수 후엔 95% 이상의 교직원이 자신의 심화집단을 개발하고 참여하게 된다. 참여를 권장하는 한 방법으로 심화집단 프로그램 지도자가 심화집단을 개발할 사람을 초청하는 것이다. 초청강사가 팀 교수에 제안점을 주거나 참여자의 특별한 흥미나 전문영역을 프로그램화하도록 권장한다면 보다 참여를 증진하게 될 것이다.

상급-수준 내용과 방법론에 집중하기

상급-수준의 내용과 진정한 방법을 심화집단에 통합하도록 돕는 가장 효과적인 방법 중 하나는 프로그램 초기에 이들 목적을 정의내려 보는 것이다. 사전연구에서, 프로그램 시작 때에 촉진자들이 심화집단의 특별영역을 어떻게 다루는지 추적할 수 있도록 폴더에 촉진자 내용/방법 보고서 양식([도표 5.1] 참조)을 넣어 둔다. 단위심화집단 후에, 이 양식을 프로그램 평가 체크리스트로 사용할 수 있다. (부록 D에 수록한 [도표 5.1] 복사본을 학교상황에 따라 채택하여 사용할 수 있다.)

상급-수준의 내용과 진정한 방법을 심화집단에 통합하는 다른 효과적인 방법을 활동 5.1에 기술하였다. 이 활동에서 촉진자는 심화집단에서 발생한 것을 간단히 개요섹션에서 토론한다. 단위 심화집단을 끝

촉진자 내용/방법 보고양식

작성후 심화집단 팀에 제출해 주세요.

심화집단에서 여러분이 한 것:	**예/ 아니오**	**만약 "예"라면 예를 적어주세요.** (필요하면 뒷면을 이용해도 됩니다.)
1. 새로운 개념과 상급-수준의 내용을 도입하였는가?		
2. 산출물 및 서비스를 개발할 수 있도록 학생에게 도움을 주었는가?		
3. 주제와 관련된 상급-수준의 어휘를 사용하였는가?		
4. 특별한 연구방법을 가르쳤는가?		
5. 주제와 관련 있는 "도구"를 사용하였는가?		
6. 상급-수준의 자원과 참고자료를 사용하였는가?		
7. 상급-수준의 사고와 문제해결 책략을 통합하였는가?		
8. 창의적 사고를 사용하도록 격려하였는가?		
9. 발표와 공연을 준비하도록 학생에게 도움을 주었는가?		
10. 학생-주도적인 학습과 선택을 권장하였는가?		
11. 학생 흥미에 반응하였는가?		
12. 학생을 직접 활동에 참여시켰는가?		
13. 개방식 질문을 하였는가?		
14. 내용과 관련 있는 역사적 관점을 통합하였는가?		

[도표 5.1] 촉진자 체크리스트.

내기 전에, 또한 촉진자와의 대화를 통해서 심화집단의 비전과 방향성을 조사할 수 있다. 모든 가능한 청중, 내용과 산출물을 고려함으로써 확산적으로 생각하는 방법을 확실히 이해하고 촉진자는 일상을 넘어서 훌륭한 수준으로 옮아간다. 심화집단 활동 A 예인 "화산"을 생각해보자(부록 E, 활동 2.2 복사물): 화산 연구자가 연구하는 것과 방법을 조사함으로써 새롭게 배울 상급-수준의 내용이 무엇인지 결정하도록 심화집단 촉진자를 격려한다. 부가적으로, 프로그램 지도자는 촉진자들이 초청강사를 섭외하고, 학생들로 하여금 화산모형을 제작하고, 학생이 연구하기로 선택한 화산종류를 분류해 보도록 제안할 수 있다. 학생들은 역사적으로 다양한 화산붕괴 타임라인을 개발하고, 앞으로 화산분출과 관련하여 지진을 예상하고, 화산지대의 지도를 만들거나, 화산변위에 따른 희생자를 위한 기금을 모금할 수도 있다. 이들 제안점을 통해서 심화집단을 향상할 수 있다.

활동 5.1

제목: 노력과 결과

시간: 30~45분

장소: 참여자 토론

자료: "노력과 결과" 복사물(부록 E 참조)

지시: 필수

다음 번 심화집단 향상을 위해 자신의 성공담과 계획을 토론하는 디브리핑 섹션을 갖는다. 본 섹션에서 수료증과 감사카드를 마련하여 축하분위기를 조성한다. 촉진자에게 "노력과 결과"복사물을 주고, 복사물의 질문에 답변할 시간을 준 후, 과거 심화집단 섹션을 어떻게 진행하였는지 토론하는 섹션을 마련한다. 다음 디브리핑 시간에 참고자료로 활용하기 위해 작성한 복사물을 수거한다.

제안 6: 프로그램 증진을 위한 평가자료 사용하기

성공적인 심화집단을 위해, 계속 평가를 실시할 수 있는 틀을 마련한다. 계속적으로 향상할 필요가 있는 과정과 영역을 감독함으로써, 성공적으로 심화집단 프로그램을 진행하고 문제를 수정하게 된다. 초기 사전 심화집단 성격을 가진 프로그램을 4주에서 6주 정도 실시할 것을 제안하였다. 이와 같은 사전 심화집단을 기초로 하여 보다 오랫동안 영속적으로 실시할 수 있는 심화집단 프로그램을 조정하고 정련하게 된다. 사전 및 영구 심화집단을 개발하는데 있어서 스탭과 학생의 도움으로 성공적인 프로그램을 만들 수 있다.

학생의 평가자료 수집하기

심화집단이 학생 중심적이고 주도적이므로 학생의 관점에서 평가받는 것이 중요하다. 평가는 단순한 것에서 복잡한 것까지 다양하지만, 학생측면에서 프로그램을 향상할 목적으로 사용해야 한다. 프로그램 지도자는 관찰, 산출물 개발빈도수, 일부 학생인터뷰 같은 여러 방법을 사용해서 학생자료를 수집할 수 있다. 부가적으로, 프로그램 지도자는 학생평가양식 반응을 살펴볼 수 있다(부록 C 참조). 3학년에서 8학년 학생들은 *My Class Activities*(Gentry & Gable, 2001) 같은 도구를 사용하여 평가할 수 있다. *My Class Activities*는 교실활동의 도전, 선택, 흥미와 즐거움의 구인에서 학생태도를 측정한다. 본 도구의 결과는 학생의 관점에서 얼마나 잘 심화집단 활동이 이들 구인들을 다루는지 보여 준다. 심화집단 촉진자는 학생평가를 복사하여 다음의 심화활동을 계획하는데 사용한다. 프로그램 지도자가 선택한 방법이 무엇이든지, 전반적인 평가서에 학생 반응과 산출물을 반영하는 것이 중요하다.

심화집단의 주요 초점은 진정한 산출물과 서비스를 창출하는 것이므로, 이들 산출물의 질을 평가한다. 이 평가목적을 위해 *Student Product Assessment Form*(*SPAF:* Renzulli & Reis, 1997; 부록 D 참조)을 사용한다. 본 도구는 다음의 두 가지 요인에서 성취결과의 질을 신뢰롭고 타당하게 평가한다. 첫째는 결과과정과 관련하여 리커르트 양식과 "해당사항이 없음" 범주로 반응하는 8개 항목으로 구성되어 있다. 각 항목은 3개 부분으로 이뤄진다: 핵심개념, 항목 설명문과 이해를 돕는 예제. 두 번째 *SPAF*의 요소는 전반적인 산출물의 질과 관련된 것이다. 7개 항목으로 1-4로 반응하는 리커르트 반응양식으로 구성되어 있다. 요약용지 복사본은 학생의 포트폴리오에 첨부하여 산출물을 언급할 때 사용한다. 학생평가와 산출물 평가 모두 형식적인 프로그램 보고서에 수록해야 한다.

촉진자의 평가자료 수집하기

촉진자의 평가자료를 고려할 때, 지도자는 다음의 두 가지 영역에서 정보를 수집해야 한다. 첫째, 프로그램 지도자는 무엇을 경험하였는지, 프로그램 향상을 위한 제안점, 첨가할 것, 시간표, 주제와 프로그램을 순조롭게 진행하는 방법을 포함하여, 촉진자가 프로그램에 어떻게 반응하였는지 파악해야 한다. 이와 같은 정보를 수집하기 위한 두 가지 평가양식, "촉진자 평가와 피드백 양식(Facilitator evaluation and feedback form)"과 "촉진자용 심화집단 반성(Cluster reflections for facilitators)" 이 있다(부록 D 참조). 촉진자는 이들 양식을 디브리핑하기 전에 작성해서 작성시 다른 동료의 영향을 받지 말아야 한다.

둘째, 프로그램 지도자는 학생들이 만든 산출물과 서비스의 수와 종류는 물론 그들이 사용한 상급-수준의 내용과 방법에 대해 촉진자로부터 정보를 수집해야 한다. 지도자는 그 후에 이와 같은 정보를 모든 심화집단 촉진자와 공유함으로써, 학생들이 할 수 있는 범위를 이해하고 앞으로 심화집단을 개발하는 데 도움을 제공한다. 예를 들어, 초기에 실시한 심화집단에서, 지도자는 60%의 심화집단만이 산출물과 서비스를 창출하였음을 알게 되었다. 단위섹션이 너무 짧았다는 평가자료와 별에 대한 심화집단 촉진자의 예를 서로 공유한 후에, 지도자는 섹션의 수를 늘리고 결과적으로 후속 심화집단에서 90% 이상의 산출물과 서비스를 만들 수 있게 되었다.

2장에서 살펴본 바대로 학군이 심화집단에 기준을 적용하려고 한다면, 프로그램 지도자는 이들 기준을 다루는 심화집단을 목록으로 작성한다. 이와 같은 정보를 통해서, 내용기준과 목적을 채택하도록 강화하고 회의 때 프로그램의 중요성을 역설할 수 있다.

부모의 평가자료 수집하기

연구에서, 학교 심화기회에 대한 부모지각과 만족을 평가하는 *Parent Attitudes about Enrichment Opportunities*(Reis, Gentry, & Park, 1995)라는 제목의 부모 질문지를 개발하였다(부록 A 참조). 본 질문지는 특히 심화집단 프로그램이 학교에 대한 부모지각에 변화를 가져왔는지 평가한다. 프로그램 전과 후에 질문지를 실시하여 정보를 얻는다. 학교가 이미 부모질문지를 사용하였다면, 부모가 어떻게 프로그램을 지각하는지 알아보기 위해 심화집단 프로그램에 대해 부가적으로 질문한다. 부모반응을 통해 또한 부모가 프로그램에 더 참여하길 원하는지 그렇지 않은지 알 수 있다.

프로그램 평가 작성하기

프로그램 평가계획을 세우는 것이 중요하다. 심화프로그램 지도자는 행정가와 측정/평가 전문가와 함께 수집할 평가 유형을 결정해야 한다. 평가계획은 복잡하거나 오래 시간을 소비하지 않아야 하지만 프로그램을 시작하기 전에 제대로 자리를 잡아야 한다. 평가를 통해서 앞으로 할 것과 하지 않을 것을 결정지을 수 있다. 교육에서 자주 언급된 것이지만, 프로그램은 평가에 주목하지 않고 실시할 수 있지만 참여자와 부모는 프로그램이 효과적이었는지 궁금해 한다. 효율성, 결과, 강점과 약점을 모르면, 프로그램은 종잡을 수 없게 된다. 학생, 부모와 촉진자로부터 수집한 자료를 사용하여, 프로그램 지도자는 연간 프로그램평가 보고서를 만든다. 이 보고서는 프로그램 효과, 결과요약 및 발견점을 설명하고(강점과 약점을 포함한), 취해야 할 조치를 기술한다. 최소한 평가는 다음의 항목을 포함해야 한다:

1. 학생평가 요약
2. 촉진자평가 요약
3. 완성한 산출물과 서비스의 수
4. 산출물과 서비스의 영향을 받는 청중
5. 산출물과 서비스를 완성한 학생과 심화집단 퍼센트
6. 여러 심화집단에서 사용된 상급-수준의 내용과 방법 요약

분위기, 과목 및 참여자료도 포함시켜 고려한다. (연구와 평가에 의하면, 심화집단 동안에 학과목의 문제가 줄어들고 참여도가 증가하였다.) 심화집단을 촉진한 교사의 퍼센트도 쉽게 수집할 수 있는 정보이다. 장기적으로 보다 많은 교사들이 심화집단을 촉진하고자 할 것이다. 초기에 심화집단의 촉진을 꺼려했던 사람들도 프로그램이 학교문

화의 한 부분이 되면서 참여하게 된다. 팀이 선택한 과정이 무엇이든지, 평가는 역동적이며, 실제성을 알려야 하고, 정보수집을 위해 개정되기도 한다.

설득력 있는 사례를 만들어라.

—Perry Mason

제 6 장

심화집단 프로그램 연구

지난 몇 년간 심화집단 프로그램 모델을 현장검증하고 조정하였다. 본 장에서는 도시 및 도시주변의 학군과 학교에서 심화집단의 비교연구(Reis & Gentry, 1998; Reis, Gentry, & Park, 1995)와 평가연구에서 얻은 바를 요약할 것이다. 소규모 및 대규모 학교와 행정 및 교사의 지원을 많이 받거나 그렇지 못한 곳에서 심화집단을 실시하였다. 본 연구와 평가에서 질적 및 양적 연구방법을 적용하였다. 기술적인 절차를 포함한 양적 방법과 관찰, 인터뷰 및 참여 관찰을 통해 수집한 질문지(Spradley, 1980)를 이용한 질적 방법을 적용하였다. 현장기록을 하였고 인터뷰 내용을 녹음하고, 관련 서류를 검토하고 패턴과 양상파악을 위해 자료를 수집하고 분석하였다. 다음의 결과는 프로그램 성공, 학생에게 미치는 효과, 부모태도와 교사실제에 미치는 효과 범주별로 실시한 심화집단 연구에서 도출한 결과이다.

프로그램 성공

1. 사회경제적 배경이 낮은 지역과 문화적으로 다양한 곳은 물론 시골, 도시 및 도시주변에서 성공적으로 심화집단을 실시할 수 있었다.
2. 모든 학교에서 심화집단을 채택하고 각 학교 일과와 요구에 맞게 조절하였다. 전반적으로 심화프로그램을 실시한 90% 이상의 학교는 계속적으로 프로그램을 실시하고 향상, 개발하였다.
3. 심화집단을 실시하였던 학교는 심화집단 실시를 고려중인 학교의 모델이 되었다.
4. 홍미에 따라 혼합연령으로 집단을 구성하는 것이 효과적이다. 공통 홍미별로 집단을 구성할 때, 4학년까지 내에서는 연령범위에 의한 차이는 없었다.
5. 사전연구에 참여한 지역사회 구성원은 심화집단을 통해 학교 정규행사에도 적극적으로 참여하였다. 현지 거주하는 예술가, 학교 참관 및 사학의 파트너십 같은 통합 프로그램으로 여러 형태의 지역참여를 도모하였다.
6. 학생과 교사의 홍미에 기초하고, 학생이 선택하고 학습에 도전과 즐거움이 있을 때, 학기 중에 별도의 시간을 마련할 수 있었다. 학교마다 프로그램의 범위는 일주일에 한번 60분 단위시간에서부터 일주일에 반나절까지 다양하였다. 사전 연구에 참여한 학교들은 일주일에 90분을 배정하였다. 심화섹션당 할당된 주는 6주에서 1년까지 다양하였다. 대부분 학교는 여러 개의 심화섹션을 각 6~12주 길이로 1년 동안 제공하였다.
7. 학교전체심화를 제공하고 심화집단을 사용하여 모든 성취수준에서 영재교육을 학생에게 확대하였다.

8. 특별한 요구를 가진 학생과 특별교육 담당자는 적극적으로 심화집단 활동에 참여하였다.

학생에게 미치는 효과

1. 심화집단을 실시한 후에, 활동에 참여한 학생들은 그렇지 못한 학생에 비해 강한 흥미를 보였다. 실험집단의 여학생은 비교집단의 여학생에 비해 언어예술에서 강한 흥미를 보였다; 실험집단의 남학생은 비교집단의 남학생에 비해 수학과 과학에 강한 흥미를 보였다.
2. 교사와 학생의 출석이 심화집단 당일에 더 높게 나타나, 학교가 심화집단을 하는 흥미로운 곳이라는 점을 보여 주었다.
3. 대략 심화집단에서 90% 학생이 집단 혹은 개인 산출물을 완성하였고 성취, 성, 특별프로그램 유무나 인종에 따른 산출물의 수에 차이가 없었다. 산출물 및 서비스와 관련하여, 대부분의 심화집단 촉진자는 학생 산출물과 서비스를 심화집단 결과로서 사용하였다. 일반적으로, 사전연구와 처치동안에 제공된 심화집단의 80%에서, 학생들은 산출물, 공연 및 서비스를 개발하였다. 12주(학교 A) 혹은 10주(학교 B) 동안 실시하였던 모든 심화집단에서, 학생들은 산출물을 만들어 내었다. 단지 3섹션의 단기 사전연구기간에, 학교 A에서는 심화집단의 85%가, 학교 B에서는 심화집단의 71%가 학생 산출물을 개발하였다. 이들 결과를 볼 때, 심화집단을 오랜 기간 동안 제공한다면, 보다 많은 학생 산출물과 서비스를 유도할 수 있다.

   산출물과 서비스 개발을 통해서 심화집단은 상급-수준 내용을 지향하게 된다. 고생물학협회(The Paleontology Association)에 참여한 학생들은 공룡의 속성을 연구하고, 스스로 발굴해 보고, 연구계획서를 작성해 보고, 배웠던 내용을 사용하여 새로운 공룡을 발견하고 그 속성과 적응환경에 기초하여 명명하고, 공개 과학포럼에 분석적인 연구보고서 형식으로 결과를 발표하였다. 본 심화집단을 촉진한 전문가에게 도움을 준 교사는 다음과 같이 설명하였다: "처음에 촉진자의 자질과 기대가 학생의 수준을 넘어서는 것이 아닌가 생각했지만, 심화집단이 진행되면서, 상급수준의 심화집단에 걸맞게 학생들이 잘 해내는 것을 보고 놀랐습니다." 학생들은 비디오, 모형, 기사 및 실제 고생물학자 등에서 얻을 수 있는 자원의 이점을 사용하였다. 결론적으로, 교사는 "학생 작품의 질이 아주 뛰어났음을" 볼 수 있었다.

4. 학생 산출물을 조사하였을 때, 여러 성취수준의 질적인 차이를 찾을 수 없었다. 즉, 공통의 흥미를 갖는 학생들이 함께 활동할 때, 성취수준의 질적인 차이가 없으므로 이것으로 학생이 만든 산출물의 질을 예측하지 못한다.
5. 심화집단을 실시한 지 3년 후에, 한 중학교에서는 주에서 실시하는 완전학습 시험 과목영역(읽기, 수학, 언어, 과학, 사회과학)에서 학생의 효능감이 증가하였다.

부모의 태도

1. 한 연구(Reis, Gentry, & Park, 1995)에서, 학교 부모들은 심화집단 실시 후에 심화집단에 대한 의견이 고양되었다. 심화집단에 대한 부모 지각과 만족은 학년 초에서 학년 말까지 증가하였다.

교사에게 미치는 효과

1. 대부분 교사들은 심화집단 촉진하는 것을 좋아하였다. 4개 학교에서 장기간 수집한 자료에 의하면, 초기 심화집단 스탭참여는 평균 60%였다. 2년의 프로그램 실시 이후에, 평균은 90% 이상으로 증가하였다. 초기 8주 심화집단 실시 이후에 한 중학교 교사들은 보다 많은 시간을 심화집단에 할애하려고 하였다. 한 초등학교의 34명 중 32명의 교사들은 다른 심화집단도 촉진해 보려고 하였다.

   심화집단 촉진과 관련된 가장 긍정적인 반응은 교사 자신이 흥미를 느끼는 것을 심화집단에서 실제 추구해 본 경우이다. 종종 심화집단에서 다루는 주제는 교사의 정규교실 활동과 관련이 없는 경우도 있다. 가을에 심화집단 활동을 실시하고자 한 어떤 미술교사는, 컴퓨터에 관심을 갖게 되어, 봄학기에 심화집단 활동을 실시하기로 한 경우도 있다. 이 교사에게는 두 번째 심화집단이 보다 더 흥미로운 것이었다. 교사들은 해마다 계속적으로 긍정적이고 보다 융통적으로 심화집단에 참여하게 되었다.

   학교 요구사항에 맞게 프로그램을 수정하기 위해 가을과 봄의 활동 이후에 모든 심화집단 촉진자에게서 피드백을 얻는다. 거의 모든 교사들은 학생들이 스스로 주도하는 심화활동에 흥미와 열정을 볼 수 있었고 프로그램의 가치를 깨닫게 되었다.
2. 심화집단을 촉진하거나 도움을 주었던 교사들은 심화집단에서 얻은 책략을 정규교실에서 사용한다. (연구상 교사에게 정규교실에서 사용하는 교수실제를 수정해 보도록 요청하지 않았다.) 심화집단이 정규교실의 교수방법과 내용에 미치는 영향에 대해 질문했을 때, 학교 A의 22명 교사 중 13명과 학교 B의 14명 교사

중 8명이 심화집단을 촉진하던 중에 사용하거나 배웠던 책략을 정규교실에 접목한다고 언급하였다. 전반적으로, 교사 중 60%는 현재 정규교실에서 하고 있는 것에 대한 심화집단의 영향을 보고하였다. 반 이상의 교사들은 심화집단에 참여한 후에 자발적으로 자신의 교수방법을 바꾸고, 전문적인 발달책략으로서 심화집단을 사용한다고 보고하였다.

각 교사에게 심화집단이 얼마나 정규교실의 교수실제에 영향을 주었다고 생각하는지 질문한 후에, 교사가 교실에서 수정하여 사용한 지도 방식을 조사하였다. 교실 실제에 미친 심화집단의 영향은 다음의 두 가지 범주; 내용과 교수방법에서 살펴볼 수 있다.

내용(Content)

교사의 86%는 심화집단 내용과 관련이 있는 학습센터를 개발하고, 심화집단 활동내용을 교실 교육과정과 레슨에 통합하며, 심화집단에서 얻은 아이디어와 지역사회 자원을 활용하는 등, 내용영역에 미친 심화집단의 영향을 언급하였다. 두 학교(A와 B) 21명의 교사는 심화집단이 자신의 교수법에 영향을 주었고, 3명의 교사는 심화집단의 활동 결과로, 흥미센터를 개발, 사용하였고, 9명의 교사는 심화집단 내용을 교실에 통합하고, 4명의 교사는 교실에서 심화집단을 촉진하는 동안 지역사회 구성원과 외부 자료를 사용하였다고 보고하였다. 활동사진역사라는 심화집단 촉진자는 “심화집단에서 연구한 옛 영화를 담고 있는 흥미센터를 개발하여 도서관에 비치하였고, 심화집단에 참여한 학생과 그 심화집단에 대해 들어서 알고 있던 사람들 및 옛날 영화에 흥미 있는 사람들은 그 영화를 찾아서 집에서 보았다”고 설명하였다. 그 결과, 그 교사는 자신의 학생과 심화집단에 참여한 학생은 물론 다른 학생에게도 영향을 주었다. 유사하게도, 어떤 미술 교사는 심화집단에서 생긴 학생 홍미를 정규미술수업에 이용하고 심화집단에서 학생들이 배운 미술개념을 기초로써 사용하였다: "심화집단에 참여한 학생들은 자신이 배운 바에 너무 홍미진진하여 필체와 그림그리기를 정규미술 교육과정에 접목시키는 것이 바람직하였다." 게다가 3명의 다른 교사들도 학생들이 심화집단에서 배운 아이디어와 지식을 정규과정에 접목시킴으로써 교실 학습내용에 영향을 미치게 된다고 언급하였다. 예를 들어, 컴퓨터 심화집단에서 on-line 활동을 한 학생들은 교실 친구들에게 인터넷과 이메일 보내는 방법을 소개하였다. 비록 심화집단이 학생과 교사 홍미에 기초하여 사전에 기술되어 있는 교육과정과 연관이 없을지도 모르지만, 본 연구에 참여한 반 이상의 교사에 의하면, 심화집단은 교실 학습내용과 교육과정에 긍정적인 영향을 미치는 것으로 나타났다.

교수 방법

심화집단은 또한 교수방법에 영향을 미친다. 교사 중 86%는 자신이 사용하는 교수방법에 미치는 심화집단의 영향을 언급하였다. 이들 교사들의 보고에 의하면, 다음의 책략들을 더욱 교실에서 사용하였다.

- 학생 홍미에 반응하기
- 직접 참여하여 해 보는(hand-on) 활동 사용하기
- 학생-주도적인 학습과 선택을 권장하기
- 교실에서 홍미집단을 사용하기
- 산출물과 독립적인 과제를 해 보도록 권장하기

- 사고기술에 집중하기

21명 교사 중 9명은 더욱 학생들이 홍미를 추구할 수 있도록 권장하게 되었다고 보고하였다. 한 교사는 "심화집단에서 활동한 후에, 학생 홍미에 기초하여 수업하는 것이 쉬워졌다. … 학생들은 자신이 선택한 방향에서 학습하고자 원했다"라고 설명했다. 교사는 학생 홍미에 대해 더 알 수 있게 되었을 뿐 아니라, 또한 학생도 교사홍미에 대해 알게 되어 양쪽 모두에게 개인적으로 보다 의미 있는 교육경험을 제공하게 되었다. 홍미를 통해 교실에서 학생을 집단으로 나눌 수 있을 뿐만 아니라 레슨과 프로젝트의 기초로서 사용할 수 있다. 4명의 교사는 심화집단 전보다 후에 학생 탐색뿐 아니라 실험, 만들기, 비디오 녹화, 연극 및 드라마 같은 실제 해 보는 활동을 많이 하게 되었다고 언급하였다. 학생들이 직접 활동하는 것을 좋아하고 심화집단에서 한 것처럼 실제로 참여할 때 보다 잘 학습하는 것 같다고 보고하였다.

5명의 교사는 학생이 주도하고 선택하도록 권장하였다. 이들 교사들은 학습을 지도하기보다는 학생의 프로젝트 선택을 권장하고, 집단구성원의 선택을 허용하고 (종종 유사한 홍미를 가진 학생들), 교실 내에서 역할을 정하도록 권장하였다. 교사 3명은 교실 내 프로젝트와 제목에 기초하여 홍미집단을 구성하였다고 보고하였다. 심화집단에서 홍미별로 집단을 구성하는 것이 효과적이었으므로, 정규교실에 확대하여 사용하는 것이 바람직하다.

교사 6명은 학생들로 하여금 산출물과 프로젝트를 개발하고 독립적으로 활동하도록 권장하였다. 이들 교사들은 학생들이 심화집단 프로젝트에 홍미진진해 하였으므로, 학생이 프로젝트와 산출물을 교실에서도 선택할 기회를 주기로 하였다. 어떤 교사는 책 보고서를 숙제로 내어주는 대신, 언어과목 읽기와 관계가 있는 산출물을 개발해 보는 기회를 주었다. 그 결과, 학생들은 읽기 숙제와 관련 있는 비평, 상업광고, 비디오테이프, 풍자문 등 질적으로 높은 산출물을 개발하였다. 정규교실에서 심화집단 유형과 비슷한 활동을 한 여파로 긍정적인 심화집단 참여를 가져왔다.

교사 2명은 또한 문제해결과 비판적, 창의적 사고를 포함한 사고기술에 보다 주의를 기울이게 되었다고 토로하였다. 어떤 교사는 심화집단에서 학생의 활동수준과 사고수준으로 놀라게 되었다: "심화집단에서 학생에게 제시한 어려운 개념을 어떻게 공략할지 동기화된 학생을 보고 놀랐어요. 일부 내 반 학생들이 심화집단에 참여하였고 심화집단 상황에서 이들을 지켜본 후에, 교실에서도 이들 학생에게 많은 기대를 걸어보기로 하였어요. 심화집단에서 보다 높은 수준의 과성을 직섭 해 봄으로써 내 반 학생들은 동기부여가 되었어요." 교실에서 교사가 사용한 내용과 방법을 〈표 1〉에 요약하였다.

기타 교사: 교사 58%는 심화집단이 직접적으로 교실에 영향을 미쳤다고 보고한 반면, 42%는 자신의 교수에 직접적으로 달라진 바가 없다고 보고하였다. 그렇지만 이들 교사들 중에서도 여러 명은 위에서 언급한 것과 비슷하게 반응하였다. 어떤 교사는 심화집단이 너무 새로운 것이어서 교실에서 실제하고 있는 것에 영향을 주지 못했다고 말한 반면, 일부 다른 교사들은 심화집단이 현 교육과정의 규제로 인해 교실에 영향을 주지 못하는 것이라고 말했다. 또 다른 교사들은 수 년 동안 심화집단 촉진자처럼 가르치고 있다고 생각하고 있었으며, 이와 같은 유형의 교수에 집중할 기회를 가질 수 있어서 좋았다고 언급하였다. 어떤 이들은 이

〈표 1〉 정규교실에서 교사가 사용한 심화집단 내용과 방법(N= 21명 교사)

설명	교사 퍼센트
내용	
심화집단 내용을 정규교실 교육과정과 레슨에 통합	43
심화집단에서 얻은 아이디어와 지역사회 자원을 사용	19
심화집단 내용과 관련 있는 학습센터를 개발	14
방법	
학생 흥미에 반응	43
학생의 학습과 선택주도를 권장	24
학생의 산출물 완성과 독립학습을 권장	29
직접 해 보는 학습을 사용	19
교실에서 흥미집단을 사용	14
사고기술에 집중	14

미 심화집단 촉진자들이 사용하는 책략을 사용하고 있으므로 직접적으로 교실 활동에 영향을 미치지 않았다고 보고하였다. 따라서 심화집단이 교실활동 내용과 교수방법에 영향을 주지 않았다고 보고한 15명의 교사 중에 5명은 이상의 것과 비슷하게 반응한 것이다.

3. 교사들은 심화집단에서 상급수준의 내용과 방법론을 사용하여 학생에게 도전성과 기회를 제공하였다. 상급수준의 내용, 사용빈도수 및 상급수준의 내용과 방법을 어떻게 사용하였는지 〈표 2〉에 제시하였다.

상급수준의 내용, 방법과 과정 사용

심화집단 촉진자들 중 95%는 새롭고 상급수준의 내용을 사용하였다. 예를 들어, 언어 심화집단에 참여한 학생(수화, 불어 리그,

〈표 2〉 심화집단에서 사용한 상급 수준의 내용과 방법 퍼센트(N= 121 심화집단)

책략	심화집단 책략사용 퍼센트
1. 새로운 개념과 상급수준의 내용을 도입	95
2. 산출물과 서비스 개발	81
3. 특별한, 진정한 방법론 교수	81
4. 상급수준의 어휘 사용	65
5. 주제와 관련된 진정한 "도구" 사용	56
6. 상급수준의 자원과 참고자료 사용	53
7. 상급수준의 사고와 문제해결 책략 사용	44
8. 창의적인 사고통합	43
9. 역사적인 관점을 통합	24
10. 발표와 공연 개발	13
11. 상급수준의 내용을 사용하지 않음	5

스페인어 그룹, 라틴협회)들은 다른 문화를 가진 사람들의 생활 스타일과 관습에 대한 정보는 물론 새로운 언어를 배웠다. 과학 심화집단(고생물학자 학회, 학생 과학자, SOS 프로젝트 재활용, 공학 1, 잔디와 뱀, 북미산 유리울새, 숲과 야생생물 생물학자, 발명대회)에서 전통적으로 초등학교 교육과정에서 볼 수 없는 내용을 다루었다. 이들 심화집단에서 과학자가 활동하는 방법 그대로 다뤄보고 학생들은 발명가, 생물학자, 자원 보호론자 및 고생물학자의 역할수행을 가정해 보았다. 발명가는 계획을 세워서 아이디어의 원형대로 개발해 보고, 생물학자는 학교부지에서 볼 수 있는 꽃과 동음지에 대한 기초를 얻을 수 있었다. 무용과 움직임에 관한 심화집단(스프링 훈련, 창의적인 무용단, 탭댄스협회, 이부츠는 걷는 데 안성맞춤)에서는 새로운 스텝과 운동효과뿐 아니라 무용이 갖는 문화적인 영향을 소개하였다. 작문과 관련된 심화집단(학생 작가, 학교신문, 활동사진 역사, 시협회)에 참여한

학생들은 문어적 표현과 편집하는 기술뿐 아니라 새로운 작문장르를 배웠다.

심화집단에 참여한 학생 중 65%는 그 결과로 수준 높은 어휘를 획득하게 되었다. 원예학회와 원예연합에 참여한 학생은 식물, 식물의 각 부분에 대한 라틴어 이름과 발아개념 및 원예와 조경 전문가가 일상적으로 사용하는 여러 용어를 학습하였다. 이들 심화집단에서 사용하는 자료는 대부분 학생의 읽기수준보다 높았지만, 이 주제에 갖는 흥미로 인해 어려운 어휘와 라틴어도 다룰 수 있었다. (관찰하는 동안, 본 심화집단에 참여한 학생들은 뿌리가 썩기 전에 심으려고 *Ilex Subulata*가 있는지 다른 학생에게 물어보았다.) 어휘에 의미를 부여하고 흥미와 연계될 때, 일반적으로 학생에게 기대하는 "수준" 이상으로 학습하도록 도전을 주게 된다. 이와 같은 유형의 도전적인 어휘를 일관적으로 심화집단에서 사용하고 있다.

상급수준의 내용을 도입한 또 다른 영역으로 심화집단 맥락 내에서 역사적 관점을 통합한 경우를 분석하였다. 대략 심화집단 촉진자들 중 24%는 심화집단에서 역사적인 내용영역을 언급하였다. 수화역사를 살펴본 학생은 오늘날의 수화발전과 수화언어에 대한 관점을 학습하였다. 고생물학자 학회 심화집단에 참여한 학생들은 지구의 역사와 멸종이론을 연구하였고, 라틴어협회에 참여한 학생들은 현대 언어의 어원으로 라틴어의 역사와 문화를 살펴보았다. 심화집단에서 역사를 활동에 통합함으로써 학생들은 흥미로운 영역과 연관 있는 새로운 기술과 개념을 학습하면서 그 지식의 근원을 밝혀볼 기회를 갖게 되었다. 역사적 관점은 여러 심화집단에서 기초를 다지는 기회를 제공하였다.

여러 심화집단에서 특별한, 진정한 방법론을 사용함으로써, 심화집단의 수준을 향상시킬 수 있었다. 영혼을 찾아서란 심화집단에 참여한 학생들은 사진에세이를 만들려고 카메라 사용법을 배웠다. 발명대회라는 심화집단에 참여한 학생들은 문제를 파악하고, 해결책을 제시하고, 생각을 발전시키고, 해결책을 적어보고 실제 발견의 원형을 만들었다—마치 전문적인 발명가가 하는 것처럼. 경찰학교와 탐정에 대한 심화집단에 참여한 학생들은 사건을 해결하기 위해 목격자를 인터뷰하는 법, 조서작성과 지문채취법을 배웠다. 무대공연 심화집단에 참여한 학생들은 진짜 배우, 음악가, 인형극, 무용가가 하는 것처럼 청중 앞에 서서 상연하는 법은 배웠다. 대략 75%의 심화집단은 심화집단 주제와 연관 있는 방법론을 통합하여 활동시 제공하였다.

게다가, 심화집단에서 과제달성을 위해 사용하는 도구를 소개하는 것도 진정한 방법론을 적용한 경우이다. 반 이상의 심화집단 촉진자들은 학생에게 심화집단 주제와 과제에 적절한 도구를 사용하게 하였다. 이들 도구들은 심화집단 속성상 구체적인 것들로 실제 전문가처럼 활동하도록 돕는다. 발명대회에 참여한 학생들은 발명에 대한 초안을 작성하는 법과 망치와 톱을 사용하여 발명품을 만드는 법을 배웠다. 학생기업가, 학생리포터와 재능만들기에 참여한 학생들은 컴퓨터, 디자인 복사 및 광고를 만들고 배치하는 것을 배웠다. 사진사와 비디오 작가들도 카메라, 캠코더와 편집장비를 사용하는 법을 배웠다. 스프링 훈련 심화집단에서, 학생들은 청진기, 심장모니터와 체지방과 혈압을 측정하는 여러 장비를 사용하였다.

55% 정도의 심화집단 촉진자들은 비디오, 카세트, 잡지, 슬라이드, 컴퓨터, 영화, 전문적인 기술보고서, 예술품, 센터, 청사진, 책, 초청강사와 견학 등의 높은 수준의 자원과 참고자료를 통해

서 학생의 흥미를 유발하고 도전적인 과제를 제시하였다. 학생이 그리고자 하는 것을 평가한 후에, 학생예술가 심화집단 촉진자는 예술가의 작품과 전문가들이 학생에게 보여 주는 여러 도구들을 가지고 와서 소개하였다. 정규 미술교육과정 중에 시간과 공간상의 제약 때문에 전문가, 도구 및 예술가의 작품을 이용하는 것은 불가능하다. 심화집단 전문가의 보고에 의하면, 이와 같은 깊이 있는 노출결과로 학생들은 보다 더 높은 수준의 활동을 할 수 있었다.

공연과 발표를 하는 여러 심화집단(13%)에서는 수준 높은 방법론과 내용을 사용해야 한다. 많은 대중을 대상으로 하거나 개별 교실에서 공연을 하였다. 학생들이 참여한 모든 활동에서 노력과 자부심을 찾아볼 수 있다. 창의적인 무용단과 같은 심화집단에서 학생들이 개발한 안부를 공연하고 그 중 2개 무용을 재능발표를 포함하여 대중 앞에 선보였다. 인형극 심화집단에 참여한 학생들은 자신만의 인형을 만들고 스크립트를 쓰고 친구, 부모님과 선생님을 위한 인형극을 상연하였다.

상급 수준의 사고, 문제해결과 창의적인 사고 역시 많은 심화집단에서 볼 수 있었다. 44%의 심화집단 촉진자들은 학생들이 상급 수준의 사고 수준에서 문제를 해결하였음을 보고하였고 촉진자의 43%는 심화섹션동안 학생들이 창의적으로 사고하였음을 보고하였다. 활동사진 역사 심화집단에 참여한 학생들은 창의적인 사고력을 사용하여 영화를 본 후 소감을 써냈다. 그 외에, 학생들은 창의적인 사고력을 통해 자신들이 본 영화 포스터를 만들었다. 원예학회 심화집단에 참여한 학생들은 창의적인 사고기술을 사용하여 학교 입구 조경계획을 세웠다.

4. 심화집단을 통해서 효과적으로 교사 전문성을 개발할 수 있다.

사전연구에서, 심화집단 실시 동안의 형식적인 전문성 개발은 학년 초엔 한 시간 정도로 제한되었다. 전문성 개발은 실제 활동상황에서 벌어진다. 교사는 새로운 교수방법을 실시할 때 교사들, 지역사회 구성원, 대학연구원 및 학생들과 활동을 한다. 교사들이 심화집단에서 활동하고 귀납적인 교수법을 더 많이 실행해 볼수록, 산출물과 서비스는 보다 다양하게 된다. Archambault와 그의 동료들(1993) 및 Westberg, Archambault, Dobyns와 Salvin (1993)이 실시한 교실 상황에 대한 연구결과에 기초해 볼 때, 심화집단의 교수법을 통해서 교사들은 교실교수상황에서도 차별화된 책략을 보다 많이 사용하게 되고, 그로 인해 보다 상급수준의 학습기회를 유도하였다. 심화집단은 그러므로 다음의 이중적인 목적을 지향하게 된다: 모든 학생에게 흥미진진한 학습기회를 제공하며 교사에게 전문성 개발을 위한 새로운 모델을 제시하여 차별화된 책략과 심화 교수학습을 가능하게 한다.

심화집단같은 활동에 참여한 교직원들은 학생들로 하여금 심화집단에서 학습한 기술들을 실제 교실학습에 전이하도록 돕는 혁신적인 교수법을 사용하는 기회를 갖게 된다. "전문성 개발의 날" (professional development day)이라는 형식적인 전문성 개발프로그램과 달리, 최소한의 비용과 노력으로 심화집단을 조직할 수 있다.

심화집단에서 전문성 개발프로그램을 실시한 일부 학교에선, 프로그램 지도자의 도움을 적게 받고도 계속 전문성을 신장할 수 있었다. 사전연구를 실시했던 한 학교에서는, 심화조정자(심화집단 프로그램 지도자)는 매우 긍정적으로 심화집단에 참여한 교사에게 감사를 표하였고, 가능한 한 교사들을 돕게 되었다. 향후 몇 년 동안, 교사들은 심화조정자와 연계하였고 다른 심화기회를 개발하고자 도움을 요청하였다. 함께 학교전체 심화모델에서 추천하는 책략 중 하나인, 학교전체심화팀을 시작하였다. 학교전체심화팀의 목적은 심화기회를 제안하고 보다 조직적으로 학교전체에서 심화기회를 조직하는 접근법을 개발하는 것이다. 학교전체심화는 흥미를 가진 스탭 모두에게 개방되어 있으며 교장과 2명의 교사와 학년 대표를 포함한다. 학생과 교사의 피드백에 근거하여 소집된 집단은 교장의 인가를 얻은 계획안을 채택하여 학교전체심화와 심화집단에 대한 사항을 놓고 일주일에 한번 오후 시간에 모인다. 본 학교에서 볼 수 있었던 변화는 행정지도자만의 노력이 아니라 팀의 노력 때문인 것이다.

시사점

꽃이 만발한 정원처럼, 사전연구에서 실시하였던 심화집단 프로그램도 초기 단계를 넘어섰다. 교사는 심화집단에서 배운 교수법과 내용을 정규교실에 접목하였고 학생들은 교사와 공통되는 흥미를 찾아보고 집에서 프로젝트 같은 양식으로 활동을 하였다. 어떤 미술교사는 심화집단에서는 정규교실에서 할 수 없는 것을 할 수 있도록 노출시킨다는 점에서 다시 심화집단 활동을 하고 싶다고 토로하였다. 심화집단 후에 학생들은 자신들이 만든 것을 가지고 와서 이 미술교사에게 도움을 요청하였다.

사전연구에 참여한 대부분의 스탭들은 심화집단을 통해서 학교에 대해 긍정적인 태도를 갖게 되었고 다음 해에도 심화집단을 계획할 것이라고 말했다. 기존의 심화집단 프로그램을 가지고 있는 학교들은 학교전체 심화모델의 한 구성요소를 실시하는 방법으로, 우선 심화집단 프로그램을 실시하려는 학교들에게 모델의 역할을 한다. 지역신문보도로, 심화집단 프로그램에 대한 소식이 퍼지고 유사한 프로그램들이 다른 학교에서도 실시되고 있다. 최소한 7개 학군들은 본 연구에 참여한 학군을 방문해 보고 새로운 심화집단의 모델로 삼게 되었다.

본 심화집단 프로그램은 적은 노력과 비용으로도 조직할 수 있는데, 프로그램을 실시할 때 갖는 가장 큰 도전은 프로그램에 참여하는 교사와 학생의 공통되는 시간을 찾아내는 것이다. 심화집단은 학생-주도적, 상위목적 학습을 모든 학생에게 제공하는 장점이 있으며 본 연구는 바로 학생과 교사에게 미치는 이와 같은 효과를 발견할 수 있었다. 학생의 강점, 흥미와 재능에 초점을 두고, 이상의 것들을 실제-세계 산출물과 서비스에 적용하는 교육을 바로 학생과 교사 모두에게 기대해야 한다는 것이다. 심화집단은 개별 학생들이 그들의 잠재력을 완전히 발휘하도록 돕는 가장 흥미진진한 새로운 방식 중 하나이다.

참고문헌

Archambault, F.X. Jr., Westberg, K.L., Brown, S.W., Hallmark, B.W., Emmons, C.L., & Zhang, W. (1993). *Regular classroom practices with gifted students: Results of a national survey of classroom teachers* (Research Monograph No. 93102). Storrs, CT: University of Connecticut, The National Research Center on the Gifted and Talented.

Baum, S., Gable, R., & List, K. (1987). *Chi square, pie charts, & me.* Unionville, NY: Royal Fireworks Press.

Burns, D.E. (1992). *If I ran the school.* Author.

Darling-Hammond, L. (1997). *The right to learn: A blueprint for creating schools that work.* San Francisco: Josses-Bass.

Dewey, J. (1939). *Education and experience.* New York: Collier.

Fulton, L. (Ed.). (2002). *The directory of poetry publishers.* Paradise, CA: Dustbooks.

Gentry, M., Moran, C., Reis, S.M., Renzulli, J.S., & Warren, L. (1995). *Enrichment clusters: Using high-end learning to develop talents in all students.* Storrs, CT: University of Connecticut, The National Research Center on the Gifted and Talented.

Gentry, M., & Gable, R.K. (2001). *My class activities: A survey instrument to assess students' perception of interest, challenge, choice, and enjoyment in their classrooms.* Mansfield Center, CT: Creative Learning Press.

Gentry, M., Reis, S.M., & Moran, C. (1999). Expanding program opportunities to all students: The story of one school. *Gifted Child Today, 2(4)*, 36-48.

Gentry, M., & Renzulli, J.S. (1995). *Inspiration: Targeting My Ideal Teaching Situation.* Storrs, CT: University of Connecticut, The National Research Center on the Gifted and Talented.

Goodlad, J.I. (1984). *A place called school: Prospects for the future.* New York: McGraw-Hill.

Gottschalk, L. (1969). *Understanding history: A primer of historical method.* New York: Alfred A. Knopf.

Kettle, K. E., Renzulli, J. S., & Rizza, M. G. (1998). Products of the mind: Exploring student preferences for product development using *My Way... An Expression Style Inventory. Gifted Child Quarterly, 42(1)*, 48-61.

Kohn, A. (1999). *The schools our children deserve: Moving beyond traditional classrooms and tougher standards*. Boston: Houghton Mifflin.

National Research Center on the Gifted and Talented (1995). *Enrichment clusters: Using high-end learning to develop talents in all students* [Videotape]. (Available from The National Research Center on the Gifted and Talented, University of Connecticut, 2131 Hillside Road, U-7, Storrs, CT 06269-3007).

Reis, S.M., & Gentry, M. (1998). The application of enrichment clusters to teachers' classroom practices. *Journal for the Education of the Gifted, 21(3)*, 310-334.

Reis, S.M., Gentry, M., & Park, S. (1995). *Extending the pedagogy of gifted education to all students* (Research Monograph No. 95118). Storrs, CT: University of Connecticut, The National Research Center on the Gifted and Talented.

Purcell, J.H., & Renzulli, J.S. (1998). *Total talent portfolio: A systematic plan to identify and nurture gifts and talents*. Mansfield Center, CT: Creative Learning Press.

Renzulli, J.S. (1994). *Schools for talent development: A comprehensive plan for total school improvement*. Mansfield Center, CT: Creative Learning Press.

Renzulli, J.S. (1997). *Interest-A-Lyzer family of instruments: A manual for teachers*. Mansfield Center, CT: Creative Learning Press.

Renzulli, J.S., Leppien J.H., & Hays, T.S. (2000). *The multiple menu model: A practical guide for developing differentiated curriculum*. Mansfield Center, CT: Creative Learning Press.

Renzulli, J.S., & Reis, S.M. (1997). *The schoolwide enrichment model: A comprehensive plan for educational excellence* (2nd ed.). Mansfield Center, CT: Creative Learning Press.

Schack, G.D., & Starko, A.J. (1998). *Research comes alive! Guidebook for conducting original research with middle and high school students*. Mansfield Center, CT: Creative Learning Press.

Sizer, T.R. (1984). *Horace's compromise: The dilemma of the American high school.* Boston: Houghton Mifflin.

Spradley, J.P. (1979). *The ethnographic interview.* New York: Holt, Rinehart, & Winston.

Spradley, J.P. (1980). *Participant observation.* New York: Holt, Rinehart, and Winston.

Starko, A.J., & Schack, G.D. (1992). *Looking for data in all the right places: A guidebook for conducting original research with young investigators.* Mansfield Center, CT: Creative Learning Press.

Strauss, A.L., & Corbin, J. (1990). *Basics of qualitative research: Grounded theory, procedure, and techniques.* Newbury Park, CA: Sage.

Treffinger, D., Isaksen, S. & Dorval, B. (2000). *Creative Problem Solving: An Introduction* (3rd Ed.). Sarasota, FL: Center for Creative Learning.

Westberg, K.L., Archambault, F.X. Jr., Dobyns, S., & Salvin, T. (1993). *An observational study of instructional and curricular practices used with gifted and talented students in regular classrooms* (Research Monograph No. 93104). Storrs, CT: University of Connecticut, The National Research Center on the Gifted and Talented.

부록 A

질문지

INSPIRATION

파트 A: 여러분의 이상적인 교수지도와 학습상황에 초점을 맞추십시오.

파트 A 지시문

본 질문지의 목적은 이상적인 교수 및 학습상황을 개발하는 시각을 가지고 여러분의 흥미, 경험 및 재능을 조사하는 것입니다. 질문지는 테스트가 아니며 따라서 정답과 오답이 없습니다. 과거, 현재와 미래의 흥미와 경험은 여러분과 학생의 교육적 경험을 보다 풍부하게 하는 기초로서 사용할 수 있습니다. 간단히: 여러분께서 학생들과 흥미를 서로 나누고 싶다면, 그것은 무엇입니까?

질문지를 잘 읽고 생각하신 후 솔직히 끝까지 답변해 주시기 바랍니다. 질문지를 다 마친 후에, 마음속으로 여러분의 답변을 다시 살펴보시기 바랍니다: 학습상황에서 여러분이 가지고 있는 흥미 중에서 나누고 싶은 것이 있다면, 그것은 무엇입니까?

전문적인 경험

1. 가르치기 좋아하는 과목은 무엇입니까?

2. 수업용으로 개발한 특별한 단원이 있습니까? 적어주세요.

3. 천문학, 사진학, 지구과학, 지질학, 고고학 같은 지식영역 중에서 흥미를 갖고 있는 학문분야를 적어주세요. 여러분이 좋아하는 영역에 동그라미를 해 주세요.

4. 항상 가르치고 싶었지만 가르칠 기회가 없었던 것 하나만 적어주세요.

5. 가르쳤던 것 혹은 가르치고 싶은 특별과정 또는 프로그램이 있으면 적어주세요.

6. 혁신적인 교육과정 자료를 개발하는 정부보조금을 받았다고 생각해 보세요. (1) 2, 3개 학년 수준 범위에서 사용할 자료, (2) 정규교과서 및 교육과정 지침에 수록되어 있지 않은 활동에 주안점을 두는 자료, (3) 일반영역과 특수영역 및 자료의 총론적인 핵심을 진술하는 것이 규정입니다. 이들 규정을 충족시키는 자료에 대한 정보를 아래에 기입해 주시기 바랍니다.

학년수준	일반교육과정 영역
____ 유치원	____ 수학
____ 초등 저학년(1~3)	____ 과학
____ 초등 고학년(4~6)	____ 인문과학
____ 중학교(7~9)	____ 사회과학
____ 고등학교(10~12)	____ 언어예술
____ 대학교	____ 음악
____ 특별 대상(있으면 아래 적어주세요)	____ 드라마
	____ 예술
______________________	____ 기타 __________
____ 기타 __________	

개발하려는 자료의 총론적인 핵심과 혁신적인 접근법에 대해 간단히 적어주세요.

7. 여러분이 흥미를 갖고 있는 영역이거나 과정내용에 대해서 강연 (혹은 워크숍)을 해 줄 4명의 강사를 교실에 초대한다고 생각해 보세요. 누구를 초대할 것입니까?

1. ______________________ 3. ______________________
2. ______________________ 4. ______________________

위의 연사 중에서 첫 번째로 초정하고 싶은 분이 있다면 누구이며 왜 그렇습니까?

8. 교수지도를 하는 중에 가장 창의적으로 수업하였다고 생각하는 것을 간단히 적어주세요.

9. 인성적, 창의적 및 학업적으로 한 학생(혹은 소집단)에게 도움을 준 일이 있으면 기술해 주세요. 그렇지만 직접적으로 교수지도를 한 것은 제외합니다.

개인적 경험

10. 여러분이 살아오는 동안 참여했던 클럽, 조직과 교육과정 외 활동이 있으면 적어주세요(취미와 서비스 포함):

초등학교: ______________________________

____

중・고등학교 ______________________________

____

대학교: ______________________________

____

성인: ______________________________

____

11. 출판한 작품이 있으면 적어주세요.

12. 어느 곳으로 여행을 다닙니까?

13. 특별하게 생각하는 곳이 있으면 어디이고 왜 그렇습니까?

14. 여가시간에 무엇을 하십니까? 아무런 제약이 없다면 여가시간에 무엇을 하고 싶습니까?

15. 창의적으로 무언가를 한 적이 있습니까(예: 작시, 작곡, 단체 활동, 조직 및 사업창업 등)? 학교숙제, 교육과정 외 활동 및 클럽조직활동과 관계가 없는 것 중에서 무언가 해 본적이 있으면 무엇인지 적어주세요(기억할 수 있는 한 과거도 돌아가서).

16. 시간이 있다면, 무슨 이유 때문에 할 것입니까?

파트 B: 이상적인 교수지도와 학습상황 개발

지시문

본 질문지 파트 A에 대한 여러분의 반응을 다시 고려해 본 후에, 여러분의 흥미 중에서 학생들과 함께 공유하고 싶은 것을 생각해 보세요. 다음의 질문에 답변하셔서 여러분의 이상적인 교수지도와 학습상황 개발 시 기초로서 여러분의 답변을 사용하시기 바랍니다.

여러분의 흥미 중에서 학습상황 시 공유하고 싶은 것이 있다면, 무엇입니까?

____

A. 이 영역에 흥미를 가진 사람들은 무엇을 합니까? 가능한 많이 여러 생각을 적어주세요.

B. 이 흥미영역에서 필요한 자료와 자원은 무엇입니까? 여러분이 이미 갖고 있는 것 중에서 이들 항목을 찾아보시고, 얻을 수 있는 것에는 표시를 하세요.

C. 이 영역에 흥미를 가진 사람들은 어떤 산출물과 서비스를 만드나요? 가능한 많이 여러 생각을 적어주세요. 학생들과 함께 사용할 수 있다고 생각하는 것이 있으면 동그라미 해 주세요.

If I ran the school

홍미 검사도구
Deborah E. Burns 개발
Del Siegle 편집

이름: ______________________________

학년: ____________ 교사: ____________

학교를 경영하게 된다면, 다음 열 가지 것에 대해 가르치고 싶습니다. 주의 깊게 생각해서 가장 좋은 것을 표시해 주세요.

정말 흥미가 있는 것은:

과학(Science)

1. 별과 행성
2. 새
3. 공룡과 화석
4. 바다 생명체
5. 식물, 나무와 꽃
6. 인체
7. 괴물과 미스터리
8. 동물과 서식처
9. 우주, 우주 비행사 및 로켓
10. 날씨
11. 전기, 빛, 에너지
12. 화산과 지진
13. 곤충
14. 파충류
15. 암석과 광물
16. 기계와 엔진
17. 질병과 의약
18. 화학과 실험

사회과학(Social Studies)

1. 가족
2. 미래
3. 대통령
4. 미국
5. 다른 나라
6. 역사와 옛날시대
7. 위인
8. 지역사회 문제점
9. 휴일
10. 인디언, 아시안계 미국인, 라틴과 아프리카계 미국인
11. 탐험가
12. 지역사회의 일과 사람
13. 여행과 교통수단

수학(Math)

1. 수학게임과 퍼즐
2. 선, 액체, 무게의 측정
3. 형태와 크기
4. 구매과 가격
5. 계산기와 컴퓨터
6. 건물
7. 연산
8. 달력과 시간
9. 수학 이야기와 문제

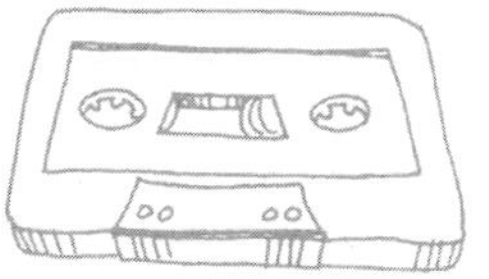

언어예술(Language Arts)

1. 책 쓰기
2. 시 짓기
3. 연극 및 대본쓰기
4. 신문기사 쓰기
5. 연설하기
6. 수화
7. 책 만들기
8. 코믹과 만화 스트립
9. 편지쓰기
10. 스페인어와 프랑스어
11. 이야기하기와 듣기
12. 새로운 게임과 퍼즐

예술(Arts)

1. 만화
2. 예술 프로젝트
3. 그림
4. 점토
5. 연기
6. 무용
7. 드로잉
8. 작곡
9. 사진
10. 영화
11. 인형극
12. 라디오와 텔레비전
13. 유명한 예술가와 작품
14. 새로운 장난감 만들기
15. 마술
16. 무언극

직업(Careers)

1. 의사
2. 변호사
3. 경찰
4. 소방관
5. 과학자
6. 건축가
7. 기자
8. 상점원
9. 운동선수
10. 배우
11. 수의사
12. 농부
13. 작가
14. 기술자
15. 예술가
16. 발명가

특별히 홍미 있는 것 중 여기 없는 것이 있습니다. 그것은 (   )입니다.

심화기회에 대한 부모태도

이름: ______________________ 자녀 이름: ______________________

자녀 학년: ______________________

위 자녀의 부 ________ 모 ________ 후견인 ________

아래 10개 항목에 대해서, 여러분의 생각을 가장 잘 나타내는 번호에 표시해 주시기 바랍니다.

5 = 항상 4 = 자주 3 = 때때로 2 = 거의 아님 1 = 결코 아님

본 질문지의 목적과 관련하여, **심화경험**이란 교육의 폭과 깊이를 넓히는 정규교육과정 외에 의도적으로 계획한 학습기회를 말합니다. 학습기회의 예로는 강사, 비디오 및 흥미에 기초한 활동들이 포함됩니다.

1.	내 아이는 학교에서 심화활동을 받은 적이 있다.	5 4 3 2 1
2.	학교에 다니는 동안, 내 아이의 재능을 추구하고 개발할 수 있었다.	5 4 3 2 1
3.	내 아이는 교실에서 흥미를 반영하는 프로젝트를 개발하였다.	5 4 3 2 1
4.	내 아이는 교실에서 공동의 흥미를 가지고 있는 다른 아이들과 함께 활동할 기회가 있었다.	5 4 3 2 1
5.	내 아이의 학교는 모든 학생들에게 심회활동을 제공한다.	5 4 3 2 1
6.	내 아이는 학교 및 교실에서 하는 심화활동을 좋아한다.	5 4 3 2 1
7.	내 아이는 학교에 다니는 것을 좋아한다.	5 4 3 2 1
8.	학교에서 내 아이가 하는 교육적 심화활동에 대한 정보를 알고 있다.	5 4 3 2 1
9.	학교에서 하는 심화활동에 참여할 기회가 있었다.	5 4 3 2 1
10.	학교에서 내 아이가 받는 심화기회/경험에 만족한다.	5 4 3 2 1

다음 항목에 대해서 간단히 설명해 주세요. (여백이 더 필요할 경우엔 뒷면을 사용하세요):

1. 자녀의 학교경험에 대해서 가장 좋은 점은 무엇입니까?
2. 자녀의 학교 및 교실활동 경험에서 볼 수 있는 변화 중에서 가장 좋은 점은 무엇입니까?
3. 자녀의 학교 및 교실경험에 대한 만족과 학교에 대해 여러분이 갖고 있는 태도에 대해서 이해할 수 있도록 적어주세요.

Joseph Renzulli
Mary G. Rizza
University of Connecticut

PRIMARY INTEREST-A-LYZER

이름: ______________________ 나이: ____________________
교사: ______________________ 날짜: ____________________

교사 및 부모에게

본 *Interest-A-Lyzer*는 유치원 아동부터 3학년 학생까지 대상으로 전체학급에서 실시할 수 있습니다. 특히, 잘 읽지 못하는 학생에게는 특별한 주의를 기울여 주시기 바랍니다. 전체 지시문을 읽어줄 때나 문제를 계속 풀도록 하기 위해 각 문제마다 있는 그림 단서를 이용할 수 있습니다. 학생의 반응 및 어떤 글자를 쓴 것인지 알아보기 힘든 경우에, 다른 사람의 도움을 얻을 수 있습니다.

본 도구의 해석은 *Interest-A-Lyzer*의 다른 버전들과 유사하며 더 넓은 범주 내에서 학생의 반응을 살펴봅니다. 정보가 많을수록 해석하기 더 쉽습니다. 가능하면, "왜" "얼마나 오랫동안" 혹은 "더 있니" 등의 질문을 통해, 될수록 많은 정보를 얻어야 합니다.

본 도구는 학생들과 긍정적이고 즐거운 활동을 할 수 있는 기회를 제공할 뿐 아니라, 학생은 물론 그들의 비학문적인 흥미도 파악할 수 있도록 해줍니다. 본 도구에서 기억할 것은 정답이 없다는 것입니다. 각별히 주의하셔서 각 반응이 정말 학생 자신의 흥미인지 확인해야 합니다. 시간 제한은 없고, 학생들을 충분히 격려하여 도구에 직접 기입하기 전에 어떻게 대답할 지 생각할 수 있도록 해 주십시오.

무슨 책 읽는 것을 좋아하나요?

좋아하는 책은 무엇인가요?

어떤 클럽이나 팀에 다니고 있나요?

과거 역사로 여행할 수 있다고 상상해 보세요. 어디로 갈 건가요?

THE INTEREST-A-LYZER

Joseph S. Renzulli
University of Connecticut

학생: ______________________ 나이: ______________

학교: ______________________ 학년: ______________

날짜: ______________

본 질문지는 여러분들이 자신의 흥미와 잠재적으로 흥미가 있는 영역을 찾도록 도와주는 데 그 목적이 있습니다. 질문지는 테스트가 아니므로 정답은 없으며 여러분의 대답은 비밀이 보장됩니다. 만약 교사나 다른 학생들과 본 질문지에 대해 이야기를 나누고 싶다면, 그것은 전적으로 여러분에게 달려 있습니다.

심화활동 시간에 개인적 혹은 소집단 프로젝트를 할 것입니다. 이 때 여러분에게 흥미 있는 프로젝트를 할 수 있기를 바랍니다. 그러므로 여러분이 어떤 것에 흥미가 있는지 생각할 필요가 있습니다.

흥미를 찾는 좋은 방법은 기회가 주어진다면, 무엇을 하고 싶은지 또 어떻게 할 것인지 생각하는 것입니다. 다음의 질문은 "상상해 보세요"라는 형식으로 이뤄졌으며, 이 가상적 상황에서 여러분이 내릴 결정에 대해 생각해 보는 것입니다.

문제를 읽을 때 친구가 어떻게 쓸지, 또 친구가 여러분의 대답에 대해 어떻게 느낄지 생각하지 마십시오. 기억할 것은 여러분이 비밀을 원한다면, 어떻게 대답했는지 아무도 알 수 없습니다.

지금 당장 질문에 대답하지 않아도 됩니다. 반복해서 읽고 며칠 동안 생각한 후에 대답해도 됩니다. 다른 사람과 질문에 대해 의논하지 마십시오. 때때로 다른 사람의 의견이 영향을 미쳐서 여러분 자신의 흥미를 찾는 데 방해가 될 수 있습니다. 본 도구의 목적은 여러분이 자신의 흥미에 대해 생각하도록 하는 것이 목적입니다.

1.

여러분의 학급이 비디오 제작 회사를 만들었다고 상상해 보세요. 처음에 학생마다 서명을 하고 그 다음에 아래에 있는 직업 중 하나를 선택합니다. 여러분은 첫 번째로 무엇을 선택할 것인가요? 첫 번째는 1을, 두 번째는 2를, 그 다음에는 3으로 표시해 주세요.

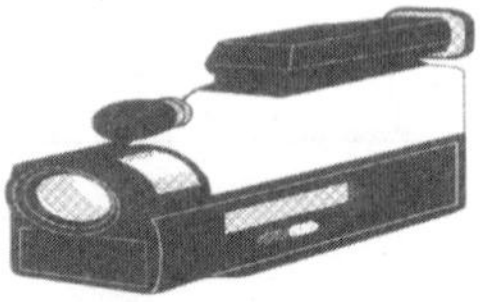

____ 배우
____ 디렉터
____ 음악가
____ 비지니즈 운영자
____ 컴퓨터 효과 음향 전문가
____ 후원자
____ 광고 담당자
____ 스크립트 구성작가
____ 의상 디자이너
____ 배경 디자이너
____ 조명/ 음향 담당자
____ 카메라 담당자
____ 무용가

2.

유명한 책의 작가라고 상상해 보세요. 책의 주제는 무엇인가요? 하나만 동그라미 하세요.

순수예술	비지니즈	과학
수필	역사	사회 활동
스포츠	수학	무대 공연 예술
기술		

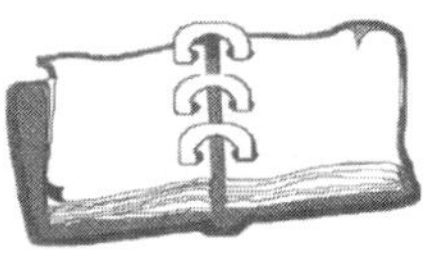

무엇에 대한 것인가요?

____

____

____

____

책 제목은 무엇인가요?

____

____

SECONDARY INTEREST-A-LYZER

Thomas P. Hébert
The University of Alabama

Michele F. Sorensen
Berlin, Connecticut Public School

Joseph S. Renzulli
The University of Connecticut

본 도구는 홍미개발 도구로서, 여러분의 특정영역에 대한 홍미를 개발하기 위한 기초자료로서 활용됩니다. 여러분이 제공하는 정보는 비밀이 보장됩니다. 본 조사결과에 따라 학습경험을 제공함으로써, 여러분의 홍미 및 재능을 개발하고 학습 잠재력에 도전을 제공하고자 합니다.

각 질문을 주의 깊게 읽고 가능한 한 여러분의 홍미를 분명하게 나타낼 수 있도록 자세한 정보를 주시기 바랍니다.

이름:

학년:

날짜:

학교:

1.

여러분은 고등학교에서 하는 과정에 싫증을 느낄 수 있어요. 교장 선생님의 요청으로, 여러분은 비슷한 흥미를 가진 사람을 모아 적절한 과정을 디자인하게 되었어요. 그 과정을 어떻게 부르면 좋을까요? 무엇을 배우나요?

2.

교육 위원회는 학생 개개인이 선택한 곳으로 견학을 갈 수 있도록 재정 지원하기로 결정하였어요. 여러분은 어디로 갈 것인가요? 가고 싶은 곳 세 곳과 그 곳에서 무엇을 할지 적어주세요. 왜 그렇게 생각했나요?

3.

여러분은 첫 번째 책을 다 쓰고 출판하려고 해요. 제목이 무엇입니까? 그 책은 무엇에 관한 내용인가요?

4.

여러분은 고등학교에서 콘서트를 계획하라는 요청을 받았어요. 예산은 무한정으로 책정이 되었어요. 저녁 프로그램으로 계획한 연주곡 세 개를 적어주세요.

부록 B

계획양식과 문서

본 양식을 복사해서 사용하거나 수정, 적용해서 사용할 수 있습니다. 특별 프로그램을 실정에 맞도록 양식을 수정할 수 있도록 여백을 남겨놓았습니다.

지역사회: 여러분의 재능을 지역 학생들과 함께

- 학생 소집단과 함께 하는 활동
- 공유할 개인적인 홍미 및 기술선택
- 친구와 팀 구성
- 지역사회 승인

무엇: 심화집단 프로그램

누가: 소집단

언제:

어디서: 학교

지역학생에게 심화경험을 제공하려는 취지에서 심화집단 지도자 및 지도자에게 도움을 주실 지역사회 구성원을 찾고 있습니다. 최근 연구에 의하면 학생들은 여러 다양한 주제를 탐색하는데 홍미를 갖고 있습니다.

가장 필요한 주제:

궁금한 점이 있거나 아이디어가 필요하거나 참여에 관심이 있거나 보다 정보가 필요하신 분은 연락을 주시기 바랍니다.

전화:

이메일:

마감일:

부모님께:
심화집단

참여 바랍니다!

여러분의 자녀가 흥미를 갖고 있는 부분을 순서대로 적어보았습니다:

1.
2.
3.
4.
5.
6.
7.
8.
9.
10.

위 주제 중에 특별히 관심을 갖고 있는 것이 있나요?

지역사회 일원 중에 위 주제에 관심을 갖고 계신 분이 있나요?

학생과 함께 공유하고 싶은 다른 관심사가 있나요?

학생들이 흥미를 좇아 학습할 수 있도록 심화집단에 참여하여 도움을 줄 지역사회 일원을 찾고 있습니다. 여러분 및 아시는 분 중에서 위의 주제에 대해 흥미를 갖고 있으면, 마감일 전까지 심화집단팀 앞으로 연락을 주시기 바랍니다.

전화:
이메일:
마감일:

감사합니다!

메모

날짜:

수신인: 부모, 교사 및 이사회

발신인: 심화집단 계획팀

내용: 심화집단조직

아시는 바와 같이, 심화조직팀은 심화집단 활동을 조직하고 있습니다. 공통적인 홍미를 가지고 있는 여러 연령의 학생집단이 참여하는 심화집단에 조언을 주시기 바랍니다. 학생은 물론 참여자들은 자신의 홍미로 인해 심화집단 활동에 참여합니다. 학생들은 참여하고 싶은 한 가지 활동을 선택합니다. 3개 사전 심화집단 활동이 끝나면, 보다 오랫동안 진행하는 심화집단 활동에 참여하게 됩니다.

주요 과목, 간학문적 주제 및 혼합과목 주제(예: 전자음악 집단, 배우, 작가, 기술전문가와 의상 디자이너가 필요한 극장/텔레비전 집단)별로 심화집단을 구성합니다. 심화집단은 여러 방식으로 기존의 정규 교육과정과 연계됩니다. 기억할 점은, 심화집단 주제에 반드시 전문가일 필요는 없다는 것입니다. 여러분과 학생 모두 주제를 함께 탐색해 보는 것입니다.

무선적이거나 저절로 심화집단을 선택하는 것이 아닙니다. 학생들이 참여할 심화집단을 결정할 수 있도록, 홍미평가도구를 사용하여 학생들이 특히 홍미를 갖고 있는 교육과정관련 활동 및 학교에서 주로 하지 않는 활동목록을 작성하고 학생의 반응을 관찰하여 도움을 제공하고 있습니다.

심화집단이 무엇인지 설명하는 안내문을 참조하셔서, 여러분께서 한번 조직해 보고 싶은 심화집단 유형에 대해 생각해 보시기 바랍니다. 생각하시는 심화집단 안내문은 첨부한 안내문과 다를 수 있습니다. 심화집단 조직에 관심 및 참여를 원하시면 동봉한 용지에 기입해 주시기 바랍니다. 학생을 위해서 홍미진진한 심화집단 기회에 참여하실 수 있길 바랍니다.

감사합니다!

메모

날짜:

수신인: 부모, 교사 및 이사회

발신인: 심화집단 계획팀

내용: 심화집단조직

학생의 흥미를 평가한 결과, 다음의 목록에 흥미를 갖고 있는 것으로 나타났습니다. 다음의 목록에 근거하여 여러분의 심화집단을 결정하시고 계획해 주시기 바랍니다. 아래 목록에서 반드시 선택할 필요는 없습니다. 학생뿐 아니라 교사의 흥미에 따라 심화집단을 구성할 수 있습니다.

학생들이 흥미를 갖고 있는 주제:

심화집단

반응 양식

이름: ______________________________

주소: ______________________________

____

전화번호: ______________________________

이메일: ______________________________

심화집단이름: ______________________________

심화집단 소개(2~4 문단): ______________________________

____

____

____

____

소개문에 넣을 경력(1~2 문단): ______________________________

____

____

____

선호하는 학년: ______________________________

심화집단에 필요한 최소 학생 수: ______________________________

심화집단에 필요한 최대 학생 수: ______________________________

메모

날짜:
수신인: 부모, 교사 및 이사회
발신인: 심화집단 계획팀
내용: 환영!

심화집단촉진에 기여하신 여러분의 노고에 감사드립니다. 아래 시간표를 참고하셔서 심화집단을 진행해 주시기 바랍니다.

교직원 및 스탭이 아닌 경우, 첫날 일찍 오셔서 심화집단 활동 전에 사무실에서 참여자 명단과 활동실을 확인해 주시기 바랍니다.

심화집단 활동 중에, 심화집단 촉진자는 활동을 즐겁게 진행해야 한다는 점을 기억해 주시기 바랍니다! 긴장을 하거나 확신이 없다면, 우선 긴장을 푸십시오. 활동계획이 필요한 것은 아니지만, 학생의 흥미와 강점에 따라 활동을 진행하는 융통성을 발휘해 주시기 바랍니다. 일반적인 심화집단 영역에서 주제와 도입내용을 사전에 계획하셔야 합니다. 학생의 흥미와 학습스타일에 적합하도록 심화집단 활동과 정보를 수정해야 합니다. 학생들은 그 주제에 흥미를 느껴서 심화집단 활동을 선택하였습니다. 그러므로 여러 단계를 들여서 동기부여를 할 필요는 없을 것입니다. 교사로서 보다는 사사 혹은 코치로서 역할을 생각해 주시기 바랍니다. 학생들은 여러분의 심화집단 활동에 너무 흥미진진하여 처음에 침착하지 않거나 지시 중인 경우에도 앉아서 활동하지 않을지도 모릅니다. 일반적인 규칙은 "흐름에 따르는" 것입니다. 만일 학생이 앞으로 나아갈 준비가 되어 있으면, 직접 활동에 참여할 수 있도록 해 주십시오. 학생들이 손을 들어 도움을 표시할 때 중요한 정보를 제시해 줄 수 있습니다.

성공적인 심화집단 촉진자는 학생들로 하여금

1. 참여 중인 심화집단 활동영역에서 알고 행해야 하는 바를 발견하고,
2. 심화집단 주제와 관련된 기술을 사용, 활동하고,
3. 청중에게 발표할 수 있는 실제세계 산출물 및 서비스를 개발하도록 도움을 제공합니다.

경험상, 심화집단 촉진자 또한 학생만큼 배우고 즐거움을 느낍니다. 심화집단 활동에 질문이 있거나 필요한 자료가 있으면, 전화나 이메일을 주시기 바랍니다.

전화: ____________________ 이메일: ________________________________

감사합니다!

심화집단 촉진자 계획 양식

심화집단을 시작하기 전에 아래 양식을 작성하셔서 제출해 주시기 바랍니다. 기억해 둘 점은 학생들이 심화집단을 주도하는 것이며, 학생의 요구를 충족시킨 다음에는 아래 제시해 주신 정보를 변경하셔도 됩니다. 질문이 있거나 도움이 필요하시면, 심화집단팀에 연락주시기 바랍니다.

심화집단 제목: ____________________

학년: __________ 학생수: __________

간단한 심화집단 설명: ____________________

____

가능한 내용과 방법: ____________________

____

____

____

가능한 기준: ____________________

____

____

____

가능한 서비스, 산출물 및 공연: ____________________

____

____

____

가능한 청중: ____________________

____

____

____

학교에서 제공해야 하는 자료: ____________________

____

____

____

산출물 계획지침

예술적 산출물			
건축	발틱(Batik)	조경	퍼즐
벽화	전시	테라리움	자동차 디자인
장식	만화	모자이크	지도
조각	책표지/디자인	콜라주	바느질
필름 스트립	직물 디자인	실크 스크린	인형
슬라이드 쇼	지도	영화	무대 디자인
만화 스트립	모빌	비디오	주석용품
연감	의상 디자인	수족관	도자기
광고	보석	페인팅	금속 작품
그림	디오라마	웹 디자인	뜨개질
그래픽 디자인	가구 디자인	포장 디자인	서예
사진	목판화/	엽서	데셀레이션
다중매체 발표	정치만화	포스터	판화
에칭(Etching)	원예 디자인	컴퓨터 그래픽	
공연 산출물			
스키트(skits)	무용	필름/비디오	노래 해석
역할놀이	무언극	독자의 극장	작곡
시뮬레이션	인형극	시 읽기	합창곡
연극공연	드라마 독백	즉흥시	콘서트
성우	코믹공연	음악공연	퍼레이드
유동행사	데몬스트레이션	실험	재공연
구어적 산출물			
논쟁	강의	D.J. 쇼	책이야기
연설	모의재판	패널 토론	연대기
라디오 극장	노래	축하문	포럼
광고	판매촉진	해석	수화
시 읽기	시뮬레이션	설교	인형극
이야기 읽어주기	데몬스트레이션	헌화문	책 개관
2개 어조가 있는 시	오디오 테이프	기상보도	전화대화
인터뷰	송덕문	랩음악	정보원
구전역사	안내	마을 소식	의식주쳐
뉴스보도	코미디	여행안내	보고
시각적 산출물			
비디오	배정	얼음 조각	지도
슬라이드/ 디지털 사진쇼	다이어그램	데몬스트레이션	모델
컴퓨터 출력	도자기	만화	모빌
조각	성명발표	여행 브로셔	무대 디자인
테이블 세팅	컴퓨터 프로그램	운동기술	실험
광고	시간표	청사진	풍자만화
인형	다이어그램/ 차트	목록	실크스크린
그래픽 조직도	스케치	다중매체 발표	달력
악보	그래프	그래픽 디자인	사진
책 재킷	콜라주	의상디자인	페인팅

Renzulli, J. S., Leppien, J. H., & Hays T. S. (2000). *The Multiple Menu Model.* Mansfield Center, CT: Creative Learning Press 에서 일부 발췌함.

산출물 계획지침

모델/구조적 산출물			
드라마 세팅	정원	새집	악기
조각	디오라마	게시판	로봇
기복 지도	은신처	전기회로	기계
서식지	수집품	종이기술	로켓
다리	의식	인형극장	연극시설
발명	학습센터	컴퓨터 프로그램	퀼트
음식	도자기	컴퓨터	다중매체 발표
탈 것	작업 모델	문서작성	수경농장
운동 트레일	개미농장	전시	가면
현미경	건물	인터뷰	로봇
현미경 슬라이드	장난감	척도모델	선물
도관	게임	3차원	카탈로그
테라리움	블록	그래프	미로
온실	태양열 수집기	가구	청사진
리더십 산출물			
연설	모의 재판	공개 포럼	학습프로젝트 서비스
계획	음악공연	기금모집	신문편집
학교순찰	선거	학생회의/정부	계획디렉터
소집	논쟁	기업조직	인터넷상 집단토론
공감형성	캠페인	그룹조직	
역할 놀이	주장	편집	
클럽 및 교실			
웹마스터			
문어적 산출물			
팸플릿	우화	분석	예산
브로셔	광고	서사시	기준목록
책	법	웹페이지	인구보고서
연설	그래프	자서전	옛날이야기
그래프 조직도	기록	플로차트	주석
차트	일기	개정조항	이야기문제
라디오 프로그램	시	공개서비스 공포	가계도
교수	광고홍보계획	입지 설명	민속학
인터뷰 질문	코믹 스트립	깃발	지도
개요	조크/수수께끼	연극/스키트	시간표
시뮬레이션	슬로건	다중매체 발표	편지/엽서
영수증	노래/서정시	낱말퍼즐	그룹질문토론
전설	질문지	요약	5행희시
정의(definition)	초대장	소비자 보고서	그랜트
전기	게시판	목록	
운문	감사카드	아티클(신문, 저널 등)	

Renzulli, J. S., Leppien, J. H., & Hays T. S. (2000). *The Multiple Menu Model.* Mansfield Center, CT: Creative Learning Press 에서 일부 발췌함.

가정심화집단 등록

날짜:

수신인: 부모 및 보호자

발신인: 심화집단 계획팀

내용: 심화집단등록

아시는 바와 같이, 심화집단팀은 활동을 조직하고 있습니다. 많은 부모님과 선생님께서 심화집단을 조직하시는데 참여하고 있으며, 학생과 함께 살펴보셨으면 하는 많은 심화활동이 있습니다. 첨부한 것 중에서 심화집단 활동을 선택해야 합니다.

귀하의 자녀는 흥미 있는 세 가지 심화활동을 선택할 수 있지만 한 개 심화집단 활동에 배정될 것입니다. 자녀가 흥미를 탐색할 수 있도록 귀하의 자녀가 작성한 *If I Ran the School*이라는 흥미평가도구를 동봉하였습니다. 본 도구에 대한 귀하 자녀의 반응을 통해 흥미를 파악하고 심화집단을 선택할 때 지침으로 사용하시기 바랍니다.

조속한 시간 내에 등록용지를 제출해 주시기 바랍니다. 학생의 선택과 활용 공간에 따라 심화집단에 배정할 것이지만 먼저 등록한 학생에게 우선권이 있습니다. 다음 주에 심화집단 배정에 대해 다시 안내문을 발송해 드리겠습니다.

본 양식을 담임선생님께 제출해 주시기 바랍니다.
감사합니다!

학생이름: ______________________________

담임교사: ______________________________

심화집단 선택: ______________________________

____

____

____

교실심화집단 등록

날짜:
수신인: 부모 및 보호자
발신인: 심화집단 계획팀
내용: 심화집단등록

심화집단 활동을 곧 시작할 예정이오니, 다음 시간에 따라 심화집단 시간을 별도로 내어 주시기 바랍니다.

학생들은 단위시간 섹션을 끝마치는 대로 심화집단에 배정될 것입니다. 동봉해 드린 목록에서 참여할 심화집단 활동을 선택할 수 있습니다. 많은 부모님과 교사들은 심화집단 활동을 조직하는데 참여하고 있으며 학생과 함께 살펴보셨으면 하는 많은 심화활동이 있습니다.

학생들이 심화집단 활동을 선택할 수 있도록 도움을 주시기 바랍니다. 그렇지만 학생들이 보다 깊이 추구하고 싶은 홍미주제 및 영역에 대한 심화집단을 선택할 수 있도록 격려해 주시기 바랍니다. 귀하 자녀의 홍미영역에 대해 알고 계시다면, 자녀에게 유익하고 홍미 있는 특별한 심화집단을 지목해 주실 수 있습니다. 학생이 선택에 어려워할 경우, 자녀가 작성한 *If I Ran the School*을 다시 검토해 보셔도 됩니다. 귀하 자녀의 반응을 살펴보시고 심화집단을 선택할 때 지침으로 사용하시기 바랍니다. 집단크기상의 제한으로 인해 세 가지 심화집단 활동을 선택하도록 요청드린 바 있습니다. 일부 심화집단 활동은 특별한 학년집단에서만 제공될 것이지만 대부분은 유치원~4학년까지 제공됩니다.

동봉한 심화집단 선택양식을 작성하셔서 심화집단 계획팀에게 제출해 주시기 바랍니다.

학생: (   )

활동은 (   )부터 시작할 것입니다. 본 과정에 도움을 주시고자 하시는 분이 계시면 계획팀에 연락주시기 바랍니다.

감사합니다!

심화집단

선택 양식

이름: ____

담임교사: ____

심화집단 선택:

____

____

____

____

____

____

심화집단 설명안내문 샘플

본 연구 중에 학교에서 실시하였던 실제 심화집단의 예들이다. 3장([도표 3.2] 참조)의 샘플 차트에서 볼 수 있는 일반 홍미영역별로 심화집단을 조직하였다. 촉진자의 편견이 반영된 것, 선택적인 것도 일부 포함되어 있다.

언어예술, 문학과 인문과학

시인 워크숍(The Poets' Workshop)

시인이란? 미국의 가장 위대한 시인, 로버트 프로스트(Robert Frost), 랭스톤 휴(Langston Hughes), 에밀리 디킨슨(Emily Dickinson) 등의 작품을 탐색해 보세요. 시를 지어보고 낭송해 보고 다른 사람의 시를 해석해 보세요.

올림푸스의 목소리(Voices from Olympus)

고대문명의 생활로 돌아가 보세요. 세상은 거인의 어깨 위에 걸려있나요? 괴물이 깊은 미로 속에 숨어있나요? 세상은 산꼭대기에서 좌우되나요? 고대 그리스의 생활을 탐색해 보세요. 오늘날의 세상과 어떤 관련이 있을까요?

미국의 수화(American Sign Language)

말하지 않고 어떻게 의사소통할 수 있을까요? 여기 심화집단에서 단어와 노래로 미국 수화에 대해 살펴보세요. 새롭게 만든 언어에 대해 생각해 보세요. 여러분의 이야기를 들어줄 사람은 누구인가요?

물리 및 생명과학

발명대회(Invention Convention)

발명가인가요? 여기 와서 문제를 찾아보고 해결책을 생각하고 문제를 해결할 발명품을 만들어 보세요. 밥 에릭슨(Bob Erickson) 선생님과 대학생 형님의 지도하에 혼자서 혹은 짝과 함께 발명품을 만들어보세요. 마지막 산출물을 학생 발명대회에서 서로 나누어 보세요.

서식지 사냥군(Habitat Hunters)

왜 팽귄이 남극에 사는지 궁금한 적이 있었나요? 왜 식물과 동물은 지금 사는 곳에 있나요? 더 어린 아이들은 여러분처럼 식물과 동물에 대해 알고 있나요? 우리 지역에 살고 있는 식물과 동물이 어떻게 인간과 인구팽창의 영향을 받을까요? 멸종위기에 있는 동식물을 구조하려면 어떻게 해야 하나요? 여기 심화활동에서 찾아보세요.

비행학교(Flight School)

헬리콥터 조정사! 글라이더가 어떻게 그리고 왜 날 수 있는지 알아보고 만들어서 내 생각을 테스트해 보세요. 고무줄 동력 모델 비행기를 만들고 버롤리(Bernoulli)의 이론과 뉴턴(Newton)의 제3법칙을 알아보기 위해 로켓을 만들어 보세요. 비행기의 역사와 간단한 기계원리에 대해 알아보세요. 여러분의 프로젝트를 계획하고 완성해 볼 수 있으며 생애 중에서 가장 값진 경험을 얻을 수 있어요. "두발자국만 뒤로 물러나서 작품을 감상해 보세요." 환경교육센터 디렉터이며 맨스필드 학교 행정가이신, 쉬멜(Shimmel) 선생님께서 박쥐, 새와 브메랑-그 외 사람이 만든 기계들이 왜 그리고 어떻게 날 수 있는지 계속 연구하셔서 1981년 특허를 받으셨어요. 사우스 이스트 학교 4학년 담임교사인 라티노(Latino) 선생님께서는 스키와 항해 외에도 여러 흥미를 갖고 계십니다.

파충류 학자 협회: 파충류를 찾아서(Herpetologists' Society: Reptile Discovery)

오늘날 파충류에 대한 신화, 미신 및 문제를 실생활에서 찾아보세요. 파충류에 대해 가까이 개인적으로 들여다보세요. 파충류 학자는 무슨 문제를 발견해서 조치를 취하는지 알아보세요.

고생물학자 협회(Paleontologist Society)

쥐라기 시대로 돌아가 보세요. 공룡공원의 스텝과 함께 공룡의 잃어버린 세상을 탐험해 보세요. 고생물학자가 발굴지에서 과거의 미스터리를 파헤치는 것처럼 지질학 시기, 무척추동물의 화석, 식물화석 등을 조사해 보세요. 무엇을 활동 산출물로 만들지 결정해 보세요.

예술

맘껏 찍어보세요(Printing with Panache!)

직접 "블록"을 만들어서 인쇄에 대해 알아보세요. "무지개 롤(Rainbow roll)" 같은, 여러 인쇄기법을 사용해서 작품을 만들어보세요. 초기 인쇄기법, 신체인쇄, 야채인쇄와 단색인쇄

기술에 대해 살펴보세요. 여러분의 작품을 액자로 만들 정도예요.

창의적인 인형극(Creative Puppetry)

인형을 만들고 싶은가요? 여러 종류의 인형을 디자인하고 만들어보세요, 손가락 인형, 손 인형, 마리오네트 등. 여러분이 직접 캐릭터를 개발하고 실험해 보세요. 인형극 상연을 위해서 극본을 쓰고, 감독하고 인형스타를 만들어 보세요.

만화(Cartooning)

코믹만화 예술가처럼 낙서해 보고, 그려보세요. 본 심화집단은 새롭고 실험적인 일러스트레이터, 예술가와 만화가를 위한 활동이예요. 여러분의 상상력과 창의력을 맘껏 펼치세요. 코믹인물을 만들어보고 코믹 클럽이나 출판을 위해 이곳에서 코믹 스트립을 만들어보세요.

어릿광대(Just Clowning Around)

어릿광대가 되어보고 여러분에게 알맞은 광대특징을 만들어보세요. 의상, 분장, 우스꽝스런 모자와 소품을 사용해서 여러분만의 광대를 만들어보는 거예요. 풍선으로 동물을 만들어보고 학교와 지역공연을 위해서 프로그램 및 스키트를 이곳에서 준비해 보세요.

칭칭: 핸드 벨 연주(The Chimers: A Handbell Choir)

음악을 좋아하나요? 이곳에서 핸드 벨 연주 단원이 되어 음악연주 기술을 배우고 연주하고 작곡하고 공연을 준비해 보지 않을래요?

사회과학

창의적인 문제, 창의적인 해결(Creative Problems, Creative Solutions)

지역사회 참여에 관심이 있나요? 다른 사람을 돕고 싶나요? 지역사회 및 생활문제를 알아보고 창의적으로 해결해 보세요. 창의적인 문제해결 방법을 다른 상황이나 여러분의 문제를 해결하는데 적용해 보세요.

아동권리 연구소(Children's Rights' Institute)

"공평하지 않아요"라는 말을 한 적이 있나요? 넋두리와 실제문제 간에는 어떤 차이가 있나요? 18세 미만에게는 어떤 권리가 있나요? 법적으로 아동들이 어떤 생활을 누릴 수 있는 알아보세요. 계획도 세워보고요.

문화적 혼합(Cultural Concoctions)

아시아 내륙종족들은 원숭이 뇌를 쪄서 먹는 반면에 왜 중동에 사는 종족들은 양의 눈을 먹나요? 문화, 유전 및 생존에 대해 살펴보세요. 누가 살아남고 왜 그럴까요?

수학

설문조사에 의하면(Survey Said…)

사람들이 무엇을 생각하는지 궁금하나요? 친구, 부모님 혹은 지역사회를 대상으로 항상 알고 싶었던 것에 대해 질문을 해 보세요. 창의적인 방법으로 그들의 반응을 조직해 보는 거예요. 여기서 얻은 정보를 공유할 방법을 결정하세요. 질문지를 만들고 심화집단에서 결과를 발표해 보세요.

수, 수학과 게임(Numbers, Mathematics, and Games)

와서 수학게임을 만들고 함께 해 보세요. 좋은 게임은 어떤 것이고 어떻게 교육적으로나 문화적으로 바람직한 게임을 만들 수 있을까요? 새로운 게임으로 무엇을 할 수 있을까요? 다음 게임을 만들기 위해 필요한 질문을 알아보고 조사해 보세요.

접어 보자(Bold Folds)

종이 개구리가 점프할 수 있을까요? 중국 종이접기에 대해 살펴보세요. 종이접기 역사를 조사해 보고 어떻게 오늘날에 사용되는지 알아보세요. 종이접기를 기하학에 접목해 보세요. 기존에 있는 디자인을 사용해서 3차원 물체를 만들어 보고 나만의 것도 만들어 보세요! 종이접기로 오늘 무엇을 할 수 있을지 결정해 보세요.

컴퓨터와 기술

로봇 도전(Robot Challenge)

로봇에 관심이 있나요? 나만의 로봇을 디자인하고 만들고 싶은가요? 어떻게 로봇을 작동하고, 어떻게 사용할 수 있을까요? 와서 새롭고 미래에 로봇이 할 수 있는 것에 대해 알아보세요.

비디오 제작회사(Video Production)

영화팬을 위해서 영화를 제작해 보세요. 여러분의 창의성을 커다란 스크린과 카메라 렌즈를 통해 펼쳐보세요. 영화를 만드는 동안 필요한 눈속임과 기술을 배워보세요.

웹사이트 디자이너(Web Site Designers)

웹사이트 디자인에 관심이 있나요? 웹사이트를 어떻게, 무엇을, 그리고 왜 만드는지 알아보세요. 여러분의 기술을 먼저 갈고 닦아서 산출물 및 서비스를 결정하고 만들어보는 거예요. 혼자서 활동하거나 디자인팀으로 활동할 수 있어요.

신체교육

문화적 댄서 연구소(Cultural Stompers Institute)

본 심화집단에서는, 문화적 다양성을 촉진하는 상호작용과 리드미컬한 움직임을 디자인해 볼 거예요. 여러분의 기술을 사용하여 의상을 디자인하고 여러 독특한 스텝을 개발하는 거예요. 지역사회 공연, 워크숍 등을 해 볼 수 있어요.

창의적인 움직임(Creative Movement)

서있고 앉아 있는 것이 지겹나요? 여러분의 내적인 자아를 창의적인 움직임으로 표출해 보세요. 제한은 없어요! 갇힌 공간에서 나오는 거예요. 더 이상 가두워 놓는 공간은 없어요!

체조(Gymnastics)

중요 체조기술, 움직임 및 트릭을 개발해 보고 싶나요? 여러 체조 장비를 사용하고 체조경기를 계획해 보는 거예요.

스프링 훈련(Spring Training)

와서 여러분의 신체를 알아보는 활동을 해 보세요. 어떻게 하면 기술적으로, 적절하게 신체활동을 잘 알면서 마음대로 움직일 수 있을까요? 여러분에게 영향을 미치는 방법에 대해 생각하고 결정해 보세요. 체육교육 선생님이신 미셸 제리치(Michael Gerich)와 켈리 맥파레인(Kelli MacFarlane) 두 분이 도움을 주실 거예요.

산업 예술/가정 경제

요리예술 연구소(Culinary Arts Institutes)

요리하고 먹는 것에 관심이 있나요? 어떻게 요리사와 주방장이 다른가요? 좋은 음식을 만들려면 어떻게 해야 되나요? 요리사 로저(Roger) 선생님과 함께 요리여행을 떠나 봐요. 요리에 대한 여러분의 열정을 펼쳐서 음식을 만들고 서비스하는 기술을 개발해 보세요. 부엌은 아주 크답니다!

인류의 서식지(Habitat for Humanity)

지역사회에 기여하여 구조물과 기구 만드는 것에 관심이 있나요? 그렇다면, 여기 심화집단 활동이 여러분에게 적합합니다. 우리 마을에 있는 인류의 서식지에 참여하여 나이가 많고 도움이 필요한 분들에게 살기 좋은 주거환경을 개발해 보세요.

메모

날짜:

수신인: 심화집단 촉진자

발신인: 심화집단 계획팀

내용: 평가양식

심화프로그램에 대한 여러분의 노고에 감사드립니다! 심화집단은 학생에게 귀중한 경험이며 학생의 학습을 증진할 것입니다. 여러 선생님께서도 심화집단 활동이 얼마나 교실학습활동에 긍정적인 영향을 주었는지 감사드리고 있습니다.

여러분과 여러분 학생의 반응은 심화집단 계획팀에 아주 중요합니다. 학생과 함께 약간의 시간을 내주셔서 동봉한 평가양식에 기입해 주시기 바랍니다. 다 기입한 후에 제출해 주시기 바랍니다.

제출인 ______________________________

수령인 ______________________________

심화집단을 조직해 주신 점에 대해 다시 한 번 감사드립니다. 앞으로 심화집단 프로그램에 다시 한 번 참여해 주실 것을 부탁드립니다.

Certificate of Appreciation

Presented to

____

In Recognition for Facilitating an

Enrichment Cluster

____________________ ____________________

Principal Date

Certificate of Achievement

This certifies that

____

has successfully completed

____

in the Enrichment Cluster Program

_______________ _______________

Principal Date

프로그램실시 시간계획

일단 스탭개발 활동을 작성하고 교사를 모집한 후에는, 다음의 시간계획을 세워서 심화집단 시간블럭을 준비한다.

1주: 교장, 심화교사 및 심화교사팀 구성원을 만난다. 정규학교시간 동안 실시할 수 있도록 심화집단 스케줄을 최종적으로 결정한다(일주일에 한번 90분씩 5~6주 동안). 최소한 심화집단 시작날짜를 7주 전에 결정한다.

2주: 심화집단 촉진자로 참여할 수 있도록 안내문을 준비하여 부모에게 발송한다. 안내문에는 심화집단 촉진자로 참여할 사람들이 동의 및 작성하는 심화집단 설명안내문이 있다. 메모를 발송한 후에 한 주 동안 심화집단 안내문을 작성하는 마감일을 정한다. 모든 교직원과 스탭의 참여를 요청한다. 지역사회 자원을 모으기 위해 지역사회의 지지와 도움을 요청한다.

3주: 심화집단 촉진자 참여를 요청한 심화집단 안내문을 수거한다. 양식의 균형(예: 학년범위, 적절한 심화집단 크기, 주제범위 등)과 질을 조사한다. 만약 심화집단이 더 필요한 경우, 지원사회 주민참여를 계속 확장한다. 심화집단 촉진자에게 전화를 걸어, 감사를 표시하고 심화집단 촉진자용 계획양식을 전달한다. 질문이나 자료에 대해 요구사항이 있는지 물어본다.

4주: 각 심화집단의 안내기술문 목록을 준비한다(또한 심화집단 촉진자의 약력을 안내기술문에 첨가할 수 있다). 심화집단 프로그램과 선택과정을 설명하는 안내문을 동봉한다. 또한 3개 심화활동을 선택하도록 학생에게 질문하는 심화집단 선택양식도 발송한다. 학생편에 안내기술문을 발송하고 등록마감일과 등록양식을 교사에게 전달한다.

5주: 분실된 등록양식 및 회수되지 않은 등록양식을 학생/교실에서 확인한다. 현장에서 학생을 등록시킬 필요가 있을 경우도 있다.

6주: 심화집단에 학생배정을 시작한다. 이 과정에서 자원봉사자의 도움을 얻을 수 있다. 부모, 보조교사 및 심화집단팀 구성원이 적당하다.

7주: 심화집단 활동을 시작한다. 교사가 요청한 심화집단 자료를 제공한다. 한 사람을 지정하여(교장, 심화교사 혹은 조정자) 심화집단을 순회하면서 필요한 것이 있는지 살펴보게 하며 활동이 원할하게 돌아가도록 필요한 도움을 제공한다. 처음 섹션이 끝난 다음에 심화집단 촉진자를 만나서 모든 것이 잘 진행되고 있는지 현장에서 확인한다.

8주~12주: 심화집단을 진행할 때 자료, 정보, 문제 및 도움이 필요한지 확인한다. 마지막 섹션에서, 학생과 교사에게 평가양식을 기입하도록 요청하여 심화집단 프로그램 발전을 위한 제안점으로 활용한다. 심화집단 교사에게 감사카드와 작은 선물을 수여한다(예: 볼펜, 사탕, 스티커 등).

부록 C

방법론적 자원

실제-세계 연구기술

Chi Square Pie Charts and Me by Susan Baum, Robert Gable, & Karen List (Unionville, NY: Royal Fireworks Press, 1987)
성인에게 교수적인 도움을 제공하여 아동들로 하여금 진정한 연구자가 되어볼 수 있도록 돕는다. 본 자료는 연구과정, 연구유형, 운영계획, 연구발표와 통계적인 기술 등 여러 주제를 포괄한다. 학생연구 예제를 통해서 어떻게 학생들이 직접 연구를 실시하는지 알 수 있다.

Looking for Data in All the Right Places by Alane J. Starko & Gina D. Schack (Mansfield Center, CT: Creative Learning Press, 1992)
초등학생들을 도서관에서 나와서 실제-세계에 참여하도록 이끈다. 교사들은 본 지침을 사용하여 학생들에게 연구문제에 대한 답을 얻기 위해 자료를 수집, 분석하는 방법을 지도할 수 있다. 매 장마다 설명, 예제 및 여러 단계적인 연구과정 활동을 수록하고 있다.

Research Comes Alive! by Gina D. Schack & Alane J. Starko (Mansfield Center, CT: Creative Learning Press, 1998)
포괄적인 지침을 제공하여 중, 고등학교 학생들이 연구를 수행해 보고 연구문제, 연구유형, 자료수집 기술은 물론 분석, 해석 및 결과 발표를 하는 방법까지 제시한다.

A Student's Guide to Conducting Social Science Research by Barbara Bunker, Howard Pearlson, & Justin Schultz (Mansfield Center, CT: Creative Learning Press, 1999)
직접 활동에 참여하여 자료수집 기술을 경험한다. 연구와 실제-세계 경험간의 관계에 대해 토론하고 9개 연구단계를 제시한다. 장마다 연구 디자인, 설문지, 관찰, 실험 등에 대한 정보가 수록되어 있다.

본 섹션의 모든 자료들을 Creative Learning Press 사(888-518-8004; www.creativelearningpress.com)에서 주문 가능함.

방법론 자원

The Adventures of Dr. Alphabet by Dave Morice (New York: Teachers & Writers Collaborative, 1995)
104가지의 시를 짓는 기술과 작문도구 및 Rolodex 시, Chopstic quatrains와 dollar bill 5행시 같은 여러 유형의 시를 짓는 기술을 소개한다. 저자의 교실저널, 작시교실 및 주석이 달린 참고문헌에서 발췌한 것도 수록되어 있다.

The Animator's Workbook by Tony White (New York: Watson-Guptill, 1988)
만화를 그리는 원리, 기술과정 및 움직임, 표현과 감정을 파악하는 법을 단계적으로 제시한다. 게다가, 저자는 새와 동물 및 기타 특별 효과(배경, 기상, 구체적인 대상 등)을 표현하는 방법도 소개한다.

Archaeology for Kids by Richard Panchyk (Chicago: Chicago Review Press, 2001)
25개 프로젝트(예: 어떤 부지 표면조사하기, 색깔별로 토양의 연령을 찾고 추적하는 법 등)를 통해서 Neanderthal 동굴, Pompeii와 Tenochtitlan 도시를 파헤치는 기술을 소개한다. 학생들은 인류역사와 과학에 대한 개요를 얻고 생활에 접목한다.

The Art of Construction by Mario Salvadori (Chicago: Chicago Review Press, 1990)
동굴에서 마천루에 이르는 역사적인 예를 사용하여, 건축공학과 원리를 소개한다. 집에서 볼 수 있는 것을 사용해서 학생들은 구조와 디자인의 여러 측면을 직접 이해하게 된다.

Bernoulli's Book by B. K. Hixson (Greensboro, NC: Wild Goose, 1991)
32개 실험과 활동을 통해서, 기압의 원리, Bernoulli의 원리, 운동과학과 Newton의 제 3법칙을 소개한다. 모형비행기 디자인과 로켓 또한 수록되어 있다.

Break A Leg by Lise Friedman (New York: Workman, 2002)
학생들은 신체와 목소리를 가다듬기 위해 준비하고, 스트레칭하고 숨을 고르는 것을 배운다: 극장 게임과 즉흥곡을 알아보고; 깊이 있는 내면을 표현하는 본질적인 기술을 개발하고; 생생한 인물을 연출해 본다. 16쪽 상당의 의상 및 분장내용도 수록되어 있다: 무대 뒤 여행 외 코치, 에이전트와 전문적인 활동에 대한 조언도 있다.

Build Your Own Web Site by Asha Kalbag (Tulsa, OK: EDC Publishing Co., 1999)
웹에 대한 두려움을 극복하는 기술을 제시하여 웹마스터가 된다! 분명한 지시와 예를 통해서 학생들은 웹사이트를 만드는 모든 단계를 차근차근 배운다. 페이지 디자인, 프로그램과 컴퓨터 코드 정보에 대한 조언과 시작에서 끝까지 학생에게 도움을 주는 가격에 대한 실질적인 조언도 제공한다.

Climbing Your Family Tree by Ira Wolfman (New York: Workman Publishing, 2002)
Climbing Your Family Tree 인터넷을 사용하여 포괄적인 정보를 제공한다. 학생들은 족보문서, 배달증명, 귀화서류, 출생, 결혼 및 사망신고서를 파악하는 방법을 배운다. 구전역사를 만드는 방법, 가계도 구성법 및 가족에 대한 스크랩북 만드는 방법을 배운다.

Collecting Fossils by Steve & Jane Parker (New York: Sterling Publishing, 1997)
식물, 채소 및 무척추 동물 화석을 발견, 청소 및 전시하는 방법을 배운다. 본 지침은 처음에 화석 이면에 있는 이야기를 소개하고(화석이 형성되는 방법, 어디서 발견하고 화석을 통해서 무엇을 알 수 있는지), 화석을 찾는 방법을 설명하고, 화석을 수집하고, 청소하는 올바른 도구 및 전시하는 방법을 소개한다. 두 번째 부분에서는 화석을 파악하는데 도움이 되는 정보와 250개 천연사진을 소개한다.

Creating History Documentaries by Deborah Escobar (Waco, TX: Prufrock Press, 2001)
역사적 사진, 필름 장면, 인터뷰 및 일차 자료를 사용해서 실제-세계 프로젝트를 실행하고 학생, 부모와 지역사회 구성원과 공유하는 방법을 소개한다. 가장 최신의 도구를 사용하고, 역사적 사건에 대한 해설 스크립트를 작성하고 생생한 역사를 재현하는 연구를 실시한다. 또한 비디오카메라, 컴퓨터 소프트웨어, 온라인 탐색, 역사적 사진과 비디오 장면 등에 대한 방법론적 정보도 소개한다.

Engineering the City by Matthys Levy & Richard Panchyk (Chicago: Chicago Review Press, 2000)
동력선과 다리에서부터 재봉틀과 터널까지 하부조직에 대한 재미있는 이야기를 조사해 본다. 실험, 프로젝트와 건설 다이어그램을 통해서 이들 본질적이며 눈에 보이지 않는 구조를 어떻게 조성하는지, 어떻게 작동하는지와 도시와 도시주변 지역환경에 미치는 영향에 대해 살펴본다.

Fiction Writer's Workshop by Josip Novakovich (Cincinnati, OH: F & W Publications, 1995)
학생을 지도할 멘토를 찾을 수 없다면, 본 자료가 적격이다. 각 장마다 기술을 소개할 때 고전과 당시 작품을 사용하여 허구소설에 대한 면들을 조사해 본다(세팅, POV, 단어선택 등). 127개 예 (각 예들은 목적과 자아-평가 질문이 있음)는 학생 작가에게 도전과 영감을 제공한다.

How to Debate by Robert E. Dunbar (Danbury, CT: Franklin Watts, 1994)
논쟁에서 승리하는 법을 알아보자! 자물쇠와 열쇠 격이 본 지침을 통해서 논쟁유형에 대한 정보, 논지를 준비하고, 논쟁하고, 효과적으로 전달하고, 상대방의 말을 듣고 반응하며, 논쟁을 판단하는 방법을 소개한다. 각 장마다 Lincoln, William F. Buckley Jr. 와 Edmund Burke 같은 연사의 훌륭한 논지를 수록하였다.

How to Draw Cartoons for Comic Strips by Christopher Hart (New York: Watson-Guptill, 1988)
만화를 그리는 기술, 기본 인물을 그리는 법을 여러 방법과 분명한 예제로 소개한다. 저자는 모든 코믹 스트립의 고정유형을 소개하고 코믹 스크립 배치, 관점 및 대화창에 대한 지침을 제시한다. 저자는 실질적인 조언과 문제상황에 대한 해결방안도 소개한다.

An Introduction to Mixed Media by Michael Wright (New York: Dorling Kindersley, 1995)
초보자와 전문가 모두 다양한 매체를 이용하여 작업하려는 예술가의 열망은 똑같다. 쉽게 따라 할 수 있는 프로젝트로 본질적인 부분을 단계적으로 소개한다. 학생들은 천연색 사진을 통해서 기술을 개발하고 복잡한 기술도 공략한다.

The Kids' Book of Weather and Forecasting by Mark Breem & Kathleen Friestad (Charlotte, VT: Williamson Publishing, 2000)
어떤 방식으로 바람이 불던지, 학생들은 기상에 대한 새로운 지식을 사용하여 관찰하고 예상한다. 학생들은 스크래치에 따라 기상관을 만들고 기상학에 대해 배운다. 기상을 기록하고 관찰을 기록하고 그래프로 차트를 만들어 기상경향을 파악하고 정확하게 허리케인, 토네이도, 강풍과 홍수범람을 예측하는 방법을 탐색한다.

The Kid's Guide to Social Action by Babara A. Lewis (Minneapolis: Free Spirit Press, 1998)
실제 학생의 이야기를 수집하여, 본 책은 투서작성, 인터뷰, 연설문 작성, 설문조사, 기금모집 및 미디어 발표계획 등 사회적 행동조치가 갖는 영향력을 소개한다. 실제 프로젝트 예들과 양식을 사용하여 학생들은 자신의 창의적인 생각을 행동으로 옮겨본다.

Let's Put on a Show! by Adrea Gibbs (Colorado Springs, CO: Meriwether Publishing, 1999)
스크립트에서 상연까지, 저자는 연극 상연에 대한 모든 것을 소개한다. 학생용으로 저술되었으며, 희곡쓰기, 배우모집, 연기, 무대디자인, 조명, 의상디자인 등을 다룬다. 단계적인 지시와 간단한 그림으로 무대를 세우고, 소품과 의상을 만들고, 분장하는 방법을 소개한다. 극장에서 사용하는 용어도 수록하고 있다.

Make It Work! Photography by Andrew Haslam (Princeton, NJ: Two-Can Publishers, 1996)
사진에 대해 배워보자! 간단한 바늘구멍 사진기를 만들고 35mm 필름을 넣는 사진기를 조작해 본다. 게다가, 학생들은 사진을 찍고, 처리하고, 인화하고, 현상하는 방법 및 확대와 단편영화를 만드는 방법을 배운다.

Making Books by Hand by Mary McCarthy & Philip Manna (Gloucester, MA: Rockport Publisher, 2000)
단계적인 지시를 따라 아코디언 책, 저널, 스크랩북, 앨범, 박스책 등을 만든다. 종이, 모서리 만들기, 접착하고 옷 입히는 것에 대한 조언과 도구를 사용하여 전문적인 책까지 만들도록 도움을 준다. 실제크기 사진을 통해서 영감과 자료에 대한 감각을 이끌어 주고 보충자료와 부가적인 도움까지 제시해 준다.

Making Shadow Puppets by Jill Bryant (Buffalo, NY: Kids Can Press, 2002)

세계의 인형디자인에 기초하여, 인형자료, 단계적인 지시와 천연색 그림을 수록하였다. 독자들은 그림자 인형의 전통적인 특징과 사용하는 자료는 물론 역사에 대해 탐색한다. 또한 스크린을 만드는 방법과 조명, 소품, 배경, 스크립트, 보조자의 역할과 상연에 대한 조언도 제공한다.

Math for Fun by Andrew King (Brookfield, CT: Millbrook Press, 1999)
많은 학생들은 교실에서 종이 위에 푸는 것을 수학이라고 생각한다. 본 책에 수록한 프로젝트, 게임과 활동을 통해서, 어디에서든지 수학을 할 수 있다는 것을 보여 준다-미로, 형태, 코드, 디오라마, 게임 등. 그림, 크기가 큰 책, 쉽게 찾을 수 있는 자료를 사용해서 스스로 해 볼 수 있도록 권장한다. 난이도 평가를 통해서 얼마나 머리를 써야 하는지 알게 하며, 힌트도 주고 한 단계 앞서 확장할 수 있도록 돕는다.

Model Making by Martha Sutherland (New York: W. W. Norton & Co., 1999)
종이, 광고보드, 스티로폼, 발사 나무 등 쉽게 구할 수 있는 자료를 사용하여, 집, 지역사회 공원 혹은 무대 디자인 모델을 만든다. 쉽게 따라 할 수 있는 설명으로 학생들은 종이를 접어서 3차원 모델을 만들어보고 디자인에 대해 공부하고 청중에게 아이디어를 전달한다.

Origami Inspired by Japanese Prints by Steve & Megumi Biddle (New York: Viking Press, 1998)
일본 예술가가 만든 작품을 통해서 종이접기 새, 꽃, 곤충, 동물 및 기모노에 대한 영감을 얻는다. 메트로폴리탄 박물관 일본미술 큐레이터가 쓴 역사적 문서를 접해 보고, 삽화가 있는 설명문은 34개 프로젝트를 쉽게 제시하며 종이접기를 수록하고 있다.

Philosophy for Kids by David, A. White, Ph. D. (Waco, TX: Prufrock Press)
철학과 철학자의 세계를 제시한다(아리스토텔레스, 로크 및 헤겔 등). 주제별(가치, 지식, 현실 및 비판적인 사고), 활동을 통해서 개념을 탐색하고 개념을 현재 문제에 접목한다("인간이 기술을 통제하는가? 기술이 인간을 통제하는가?").

Real Life Math Mysteries by Mary Ford Washington (Waco, TX: Prufrock Press, 1995)
한 도시공학자는 도시의 수자원 부족문제를 제기하였다; 한 건축평가사는 건축비용을 산출해야 한다; 소방수는 불을 끄기 위해 물을 얼마나 빨리 뿌려야 하는지 파악해야 한다. 중요한 수학기술을 여러 다양한 직업에 대해 배우는 동안 실제-세계 문제에 적용하는 것을 배운다.

Roots, Shoots, Buckets, & Boots by Sharon Lovejoy (New York: Workman Publishing, 1999)
9개 주제별 정원을 통해서 원예세계를 탐색한다. 구체적인 설명과 식물을 키우는 제안점을 따라서, 저자는 식물, 동물 및 곤충세계 사이의 관계에 대한 정보와 정원일, 공예 등을 설명한다. 주제별 정원 중에는 Pizza Patch, Sunflower House와 Mother Nature's Medicine Chest도 수록되어 있다.

Science Experiments with a Microscope by Shar Levine & Leslie Johnstone (New York: Sterling Publishing, 1999)
유명한 사진, 그림 및 과학경진대회 수상작품을 통해서 학생들은 대상을 발견하고 실험할 수 있도록 영감을 얻는다. 현미경의 여러 부분, 슬라이드 준비기술과 발견사항 기록이 갖는 중요성에 대해 배운다. 일상 대상들을 새로운 시각으로 바라보고 실험을 할 수 있도록 제시해 준다.

Science of Life by Frank G. Bottone, Jr. (Chicago: Chicago Review Press, 2001)
학생 생물학자들은 일상적으로 볼 수 있는 자료를 사용한 25개 프로젝트를 통해 5개 생물영역에 친숙해진다. 주의 깊게 통제한 환경에서 실험하는 법을 배우면서, 어떤 환경이 박테리아 성장을 방해하는데 효과적인지 결정하고 밤에 날아다니거나 낮에 날아다니는 곤충을 수집, 비교하고, 버섯의 변종하는 법을 배운다. 여러 배경정보를 통해서 용어와 탐색할 웹사이트를 알게 된다.

Screen Teen Writers by Christina Hamlett (Colorado Springs, CO: Meriwether Publishing, 2002)
14개 장을 통해서 영화스크립트, 아이디어를 찾는 곳, 장면을 정하는 방법, 좋은 대화를 구사하는 법, 장면을 종이 등에 투사하는 법을 배운다. 성공한 할리우드 작가와의 활동과 인터뷰를 통해 학생 영화극작가들은 영화장면을 구상해 보고 콘테스트, 에이전시 목록에 대한 정보, 사업에 참여할 때 운영하는 방법에 대한 조언도 제시한다.

Speechcraft by Brent C. Oberg (Colorado Springs, CO: Meriwether Publishing, 1994)
저자는 주제 선택, 조직, 전달기술과 초조함을 다루는 방법 등 공개연설에 관한 모든 면을 다룬다. 각 장마다 기술개발과 기술조정을 돕는 활동을 수록하였다. 마지막 장에서는 "적용 활동"을 제시하여 실제-생활에서 공개연설 기술을 사용하도록 권장한다.

Steven Caney's Invention Book by Steven Caney (New York: Workman Publishing, 1985)
영감에서 마케팅까지, 본 책은 발명가가 알아야 할 모든 것에 초점을 맞춘다: 시작하기, 작업실 만들기, 노트하기, 계획하기, 원형을 만들고 이름을 짓고, 특허신청과 최종 산출물 마케팅하기. 저자는 25개 발명 이야기를 통해서 발명가의 교훈을 소개한다.

The Story in History by Margot Fortunato Galt (New York: Teachers & Writers Collaborative, 1992)
전혀 새로운 방법으로 미국 역사를 배운다—상상력이 풍부한 작가처럼 재실험함으로써. 초기 지도, Walt Whitman의 남북전쟁설명, Sioux 인디안 구전역사, Oregon Trail에 대한 여성의 일기문, 1940년대 광고같은 자료를 사용하여 자신만의 역사적 연구를 실시해 보고 역사적으로 설명한다.

Teen Power Politics by Sara Jane Boyers (Brookfield, CT: Millbrook Press, 2000)
정치학은 투표하는 사람에게만 국한되는 것이 아니다! 저자는 미국에서 어떻게 선거과정이 생기게 되었고 정치적 행동조치와 지역사회 서비스를 지역적 및 국제적으로 준비하는 방법에 대해 설명한다. 서식지 보호같은 환경보호운동을 해 본적 있는 10대들을 통해서 18세 이전이라도 사회에 보탬이 될 수 있음을 증명한다.

Teen Vestor® by Emmanuel Modu & Andrea Walker (New York: Perigee, 2002)
특히 10대 용인, Teen Vestor는 직접 웹-상호작용적인 투자를 소개하는 책이다. 10대는 안정적으로 장기간 투자를 증식하는 방법; 주식, 뮤추얼 펀드, IRAs와 대학은행 투자계획; 인터넷 상 연구투자계획안에 대한 정보를 배우고; 투자를 신중하게 하고 절약하는 습관 등을 탐색한다.

Unpuzzling Your Past(4판) by Emily Ann Croom (Cincinnati, OH: F & W Publications,

2001)
본 책은 재판되어 과거를 연구할 때 필요한 가계조사 기술을 소개한다: 인터뷰양식, 샘플 편지, 워크쉬트, 주소와 기타 등등. "Things to Do Now"를 통해 배운 것, 자원섹션, 스트립트 해독정보를 적용하도록 권장하고 개인적인 특징, 먼 친척의 신체적인 특징 등을 찾아내는 조언도 제시한다.

Word Wizardry by Margaret Kenda & William Kenda (Hauppage, NY: Barrons, 1999)
단어 놀이 이상인, Word Wizardry를 통해서 학생들은 온라인 신문으로 다른 나라를 조사해 보고 라디오 뉴스이야기를 쓰고, 필체를 분석하고, 웹 홈페이지를 업그레이드하고, 코드 및 그 외 여러 가지를 개발한다. 기존의 자료를 사용한 창의적인 활동으로 언어의 기원을 찾아보고 단어와 의사소통을 증진하는 여러 방안을 배운다.

The Young Journalist's Book by Donna Guthrie & Nancy Bentley (Brookfield, CT: Millbrook Press, 1998)
교사들에게 신문의 안팎에 대해 지침을 주고 신문 만드는 여러 단계를 설명한다. 학생들은 교정, 편집, 특별난, 배정, 분류 등에 대해 배운다.

The Young Writer's Guide to Getting Published by Kathy Henderson (Cincinnati, OH: F & W Publications, 2001)
여러 책들은 글을 쓰는 법을 소개하며 어떤 것은 출판하는 법을 알려준다. 여러 출판시장과 콘테스트 목록, 편집자 프로파일과 정보를 포맷하는 지침을 제시함으로써 자신의 작품을 출판해 보도록 열정을 키워준다. 각 조직이 추구하는 시장과 콘테스트 목록도 수록하고 있다.

부록 D

평가 양식

촉진자 내용/방법 보고서식

작성 후 심화집단팀 앞으로 제출해 주십시오. 제출인: ____________________

여러분의 심화집단에서 …		예/아니오	만약 예라고 대답했으면 예를 들어 주십시오. (여백이 더 필요하면, 뒷면을 활용해 주십시오)
1.	새로운 개념과 상급수준의 내용을 소개하였습니까?		
2.	학생들이 산출물 혹은 서비스를 개발하도록 도움을 주셨습니까?		
3.	주제와 관련된 상급수준의 어휘를 사용하였습니까?		
4.	구체적이고, 진정한 방법을 가르치셨습니까?		
5.	제목과 관련된 진정한 "도구"를 사용하였습니까?		
6.	상급수준의 자원과 참고자료를 사용하였습니까?		
7.	상급수준의 사고와 문제해결책략을 통합하였습니까?		
8.	창의적으로 사고하도록 권장하였습니까?		
9.	학생들에게 발표하거나 공연을 하도록 도움을 주셨습니까?		
10.	학생들이 학습과 선택을 주도하도록 권장하였습니까?		
11.	학생의 흥미에 반응하였습니까?		
12.	학생이 직접해 보는 활동에 참여하였습니까?		
13.	개방식 질문을 하셨습니까?		
14.	내용과 관련된 역사적 관점을 통합하였습니까?		

심화집단 촉진자 평가

이름: ____

여러분의 피드백과 생각은 심화집단 프로그램을 평가하는데 매우 중요합니다. 시간을 내주셔서 아래 평가질문에 응답해 주시면, 학생을 위해 심화집단 프로그램을 보다 향상하고 개발하는 데 큰 도움이 됩니다.

1. 심화집단을 촉진하면서 가장 즐거운 것은 무엇이었습니까?

2. 심화집단이 잘 조직되었습니까? 프로그램을 어떻게 변경하고 향상시킬 수 있습니까?

3. 여러분의 심화집단에 대한 학생의 반응을 어떠하였습니까?

4. 심화집단에서 어떤 유형의 상급수준 내용을 제시하였습니까?

5. 심화집단에서 학생이 만든 산출물(만약 있다면)은 무엇입니까?

6. 또 다른 심화집단에서 촉진자로 활동하는데 관심이 있으십니까?

   예 ______________________________ 아니오 ______________________________

   만약 그렇다면 어느 주제입니까?

7. 다음 섹션에서 촉진자로 활동해 보도록 다른 사람을 추천하시겠습니까?

8. 심화집단을 계획하는데 조언을 주실 점이 있습니까? (예: 섹션수, 섹션 길이 등)

9. 기타

감사합니다!

촉진자용 심화집단 반성

본 평가양식은 심화집단 프로그램을 향상하는데 매우 중요합니다. 여러분의 노고에 진심으로 감사드립니다. 여러분의 협조로 성공적으로 심화집단 활동을 하였습니다!

촉진자로 활동한 심화집단은: ____

다음 중 하나에만 동그라미 해 주세요: 교직원 스탭일원 자원자

1. 심화집단 계획은 적절하였습니까? 어떻게 계.획을 향상할 수 있습니까?

2. 어떻게 심화집단 프로그램을 향상할 수 있습니까?

3. 심화집단 활동을 부드럽게 진행하셨다고 생각하십니까? 어떻게 조직을 향상할 수 있습니까?

4. 심화집단에서 촉진자로서 활동하는 동안 가장 좋았던 것은 무엇입니까?

5. 심화집단에서 배운 점은 무엇입니까?

6. 학생들이 즐겁게 심화집단 활동을 하였다고 생각하십니까?

7. 학생들이 심화집단 활동으로 혜택을 얻었다고 생각하십니까?

8. 즐겁게 심화집단 활동을 하였습니까?

9. 심화집단 활동으로 혜택을 얻었다고 생각하십니까?

10. 봄에 할 수 있는 심화집단 주제로서 생각하시는 것이 있습니까?

그 외 해 주시고 싶은 말씀은?

심화집단 학생평가

(초등학생용)

학년: ____________________ 심화집단 활동: ______________________________________

심화집단 중 경험한 것에 대해 여러분이 어떻게 생각하고 있는지 알아보고자 합니다. 주의 깊게 번호마다 읽고 심화집단에서 느낀점을 가장 잘 나타내는 번호에 동그라미 해 주세요. 번호 1은 가장 '그렇다'입니다. 번호 2는 '잘 모르겠다'입니다. 그리고 번호 3은 '그렇지 않다'입니다.

1. 즐겁게 심화집단 활동을 하였다.	1 그렇다	2	3 그렇지 않다
2. 심화집단에서 새로운 정보/기술을 배웠다.	1 그렇다	2	3 그렇지 않다
3. 나의 심화집단 교사는 흥미가 아주 높다.	1 그렇다	2	3 그렇지 않다
4. 더 심화집단 활동에 참여하고 싶다.	1 그렇다	2	3 그렇지 않다

다음을 잘 읽고 적어주세요.

1. 심화집단에서 어떤 주제를 다뤄야 한다고 생각하나요?

2. 심화집단에서 내가 배운 한 가지는 …

3. 심화집단에서 가장 좋아했던 것은 …

4. 심화집단을 향상하려고 내가 바꿀 수 있는 한 가지 것은 …

심화집단 학생평가

(고등학생용)

학년: ____________________ 심화집단 활동: ______________________________________

심화집단 활동을 향상하기 위해서는 여러분의 생각이 필요합니다. 다음의 질문을 읽고 심화집단에 대해 좋았던 점을 적어주세요. 또한 심화집단을 향상하기 위해 해야 할 것도 적어주세요.

1. 심화집단에서 프로젝트를 완성하는데 시간이 적당하였나요? 너무 길거나, 짧거나 하였나요?

2. 심화집단 스케줄을 어떻게 하면 보다 바람직하게 바꿀 수 있을까요?

3. 심화집단에 대해 가장 좋았던 것은 무엇인가요?

4. 어떻게 하면 심화집단 프로그램을 보다 바람직하게 만들 수 있을까요?

5. 심화집단에서 배운 것은 무엇인가요?

6. 이 심화집단 활동을 계속한다면. 그 밖에 무엇을 더 배우고 싶은가요?

7. 다음번에 어떤 제목의 심화집단 활동을 하자고 제안하고 싶은가요?

학생산출물 평정양식

Joseph S. Renzulli & Sally M. Reis

본 평가양식의 기본 원리

본 양식의 목적은 심화집단 활동에서 학생이 개발한 여러 유형의 산출물에 대해 질적인 평정을 내릴 수 있도록 지침을 마련하는데 있습니다. 평정도구를 사용할 때, 염두에 두어야 할 세 가지 사항이 있습니다. 첫째, 보다 복잡한 평가와 창의적 유형의 산출물은 항상 인간판단과 함수관계에 있습니다. 그림, 건축 디자인 및 노동을 절감하는 장치의 유용성을 평가할 때, 백분위 점수나 표준화 점수를 생각하지 않습니다. 학생산출물을 그 자체 가치와 질, 미학, 유용성과 전반적인 기여정도를 나타내는 특징으로 생각해야 합니다.

두 번째 고려사항은 학생연령/ 학년수준, 경험과 개별 산출물의 가치를 연관지어 생각해야 합니다. 예를 들어, 1학년 학생의 산출물이 높은 수준의 연구프로젝트를 반영한다고 해도 6학년의 수준과 똑같이 생각하지 말아야 합니다. 불리한 입장에 처한 학생의 활동은 학생의 전반적인 교육적 경험, 기회와 인적자원, 자료 및 장비유용성 면에서 생각해야 합니다.

세 번째 고려사항은 평가에서 가장 중요한 목적-학생성장 및 향상과 관계가 있습니다. 성장지향을 목적으로 본 평가도구를 사용해야 합니다. 그러므로 산출물을 시작하기 전에 학생과 함께 공유하고 토론해야 합니다. 다시 말해서,산출물 초기 단계 동안, 학생과 함께 도구를 살펴보아야 합니다. 학생들은 자신의 산출물이 어디에 근거하여 평가를 받는지 알고 있을 권리가 있으며 이해하고 있어야 합니다.

평가양식 사용안내

대부분의 항목이 최종 산출물 성격과 직접 관련된 것을 포함하고 있지만, 만일 산출물을 개발 때 사용하였던 계획 디바이스를 사용한다면 이 역시 유용합니다. 계획 디바이스로는 일지, 약정, 운영계획, 연구계획서 및 여러 기록체계들이 있습니다. 최종 산출물과 계획 디바이스의 목적과 비교함으로써 목적이 달성되었는지 결정할 수 있습니다. 계획 디바이스

Renzulli, J. S., & Reis, S. M. (1997). *The schoolwide enrichment model: A how-to guide for educational excellence* (pp. 263-269). Mansfield Center, CT: Creative Learning Press.

를 사용할 수 없는 경우, 필요한 배경정보를 보여 주는 양식을 작성하도록 학생에게 요청해 볼 수 있습니다. 어떤 계획 디바이스는 평가를 받는 산출물을 포함하고 있습니다. 만약 계획 디바이스가 평가할 산출물을 배정하고 있다면, 또한 산출물을 완성한 학생을 인터뷰할 수도 있습니다.

학생산출물 평가양식(the Student Product Assessment Form; SPAF)을 사용하여, 산출물을 조사할 필요가 있습니다. 예를 들어, 자원전달을 결정하기 위해서, 계획 디바이스에 기록해 두었던 주석, 참고자료 및 문헌을 조사할 필요가 있습니다. 완성한 산출물과 관련하여 학생 스스로 자아평가를 할 수 있습니다. 이와 같은 양식을 통해서, 과제집착력과 학생 흥미를 평가할 수 있습니다.

학생산출물 평가양식을 여러 방식으로 사용할 수 있습니다. 교사, 자료실 및 주제관련 전문가들은 산출물을 개별적 및 집단적으로(팀 구성원으로서) 평가할 수 있습니다. 두 명 그 이상이 같은 산출물을 서로 개별적으로 평가할 때, 각 평정항목에 대한 평균 점수를 산출하고 요약용지에 기록할 수 있습니다. 연구상황 및 형식적인 평가상황에서 사용할 때, 세 사람 이상이 개별적으로 산출물을 평정할 것을 제안합니다. 산출물 개발에 지시를 주었던 교사가 이 평정에 참여해야 합니다. 두 번째 양식은 그 산출물 주제를 잘 알고 있는 사람이 평정하여 작성해야 합니다. 예를 들어, 고등학교 과학선생님은 과학관련 산출물을 완성한 초등학생의 활동을 평가할 수 있습니다. 세 번째 평정자는 학교체계 및 학교에서 실행하였던 프로그램과 무관한 사람이어야 합니다.

항목포맷

학생산출물 평가양식 (SPAF) 항목이 너무 길고 복잡하게 보이지만, 실제 꽤 정확합니다. 각 항목은 단 하나의 특징을 나타냅니다. 항목은 다음의 3개 관련 부분으로 나눠볼 수 있습니다:

1. **핵심개념**: 핵심개념을 처음에 제시하고 큰 글씨로 적어놓습니다. 평가하는 주요 아이디어 및 특징에 집중할 수 있도록 도움을 주어야 합니다.
2. **항목 기술**: 어떻게 특징들이 학생산출물에 반영되는지 설명하는 한두 개의 설명문을 핵심개념 다음에 제시해야 합니다.

3. **예**: 항목의 뜻을 분명히 이해하도록, 실제 학생활동의 예를 제시합니다. 예를 통해서, 핵심개념과 항목기술의 의미를 명확하게 할 수 있습니다. 예들을 각 항목기술 다음에 제시합니다.

기억할 점: 마지막 항목(No. 9)은 전반적인 산출물 평가에 대한 것입니다. 이 경우에, 약간 다른 포맷으로 제공한 적이 없는 예를 선택하였습니다. 항목 9에 대해 평가할 때, 개별적 구성요소를 평가하기 보다는 전체적으로 산출물을 평가해야 합니다.

일부 항목은 너무 길거나 자세하게 보일지 모르지만, 목적상 개개 항목에 대해 평가자간 신뢰도를 향상하고 분명하게 하는데 있습니다. 몇 번 본 척도를 사용하게 되면, 핵심개념과 항목기술만으로도 항목의 의미를 충분히 기억하게 될 것입니다. 연구에 의하면, 항목을 보다 설명하고 간단한 예를 제시할 때 평가자간 있을 수 있는 오해를 명확하게 하고 평가자간 신뢰도를 향상할 수 있었습니다.

"적용할 수 없는" 항목

모든 유형의 산출물에 보편적으로 적용할 수 있는 도구를 개발하는 것이 어려우므로, 특별한 산출물에는 적용할 수 없는 항목이 있습니다. 예를 들어, 창의적인 작문 프로젝트(시, 희곡, 소설)처럼 학생 자신의 경험으로 직접 작문을 한다면, 자원수준(No. 3)과 자원의 다양성(No. 4)을 적용할 수 없습니다. 그렇지만, "적용할 수 없다"라고 하는 범주는 평가상황에서 자주 사용하지 말아야 합니다.

학생산출물을 평가하는 방법

1. 학생산출물평가양식이 있는 요약용지 맨 위에 필요한 정보를 적습니다. 평가할 각 산출물에 대해 개별 요약용지를 작성합니다.
2. 학생산출물평가양식에 대한 9개 항목을 읽습니다. 각 산출물을 평가할 때 살펴보아야 할 것에 대해 아이디어를 얻을 수 있습니다.
3. 처음엔 전체적으로 빨리 살펴보면서 산출물을 조사합니다. 그리고 나서, 주의 깊고 세밀하게 산출물을 조사합니다. 다시 살펴봐야 할 페이지나 문단에는 표시를 하고 산출물을 살펴볼 때 생길 수 있는 질문, 강점 및 약점에 대해서는 간결하게 메모나 글을 적

어놓습니다.

4. 학생산출물평가양식 첫 항목으로 다시 돌아옵니다. 핵심개념, 항목기술과 예를 읽습니다. 요약용지 "평가" 난에 여러분의 생각을 가장 잘 나타내는 번호를 입력합니다. 단지 정 숫자만 입력합니다. 다시 말해서, 소수점이 있는 평정점수 3.5나 2.25 등으로 입력하지 마십시오. 적용할 수 없는 항목이라고 생각하시는 경우엔, 요약용지에 NA(해당사항 없음)이라고 체크해 주십시오. 그렇지만, 전체 평가상 항목 9a에 대해서만 NA반응을 수렴한다는 점을 염두에 두십시오.
5. 두 번째 항목으로 다시 돌아와서 위의 과정을 반복합니다. 바로 판단할 수 없다고 생각하실 경우에, 항목을 건너뛰고 나중에 평가해 주십시오. 평가과정을 실시할 때, 요약용지에 있는 모든 항목에 숫자(혹은 NA)를 입력해야 합니다.
6. 산출물에 대해 언급하실 사항이 있으면 요약용지 마지막에 적어주십시오.

학생산출물 평가양식 요약용지

이름: ______________________ 날짜: ______________
학군: ______________________ 학교: ______________
교사: ______________ 학년: ______________ 성별: ________
산출물 (제목 및 간단한 설명): ______________________
____
산출물에 투입한 활동 시간 (주 수): ______________

평가척도	
요인 1–8	요인 9A–9G
5 매우	5 = 뛰어남
3 약간	4 = 상위수준
1 드물게	3 = 평균
	2 = 평균 이하
	1 = 하위 수준

요인	평가점수	해당되지 않음
1. 목적에 대한 초기 진술	______	______
2. 문제에 집중	______	______
3. 자원수준	______	______
4. 자원의 다양성	______	______
5. 자원의 적절성	______	______
6. 논리, 계열성 및 전이	______	______
7. 행동 지향성	______	______
8. 청중	______	______
9. 전반적인 평가	______	______
A. 아이디어의 독창성	______	______
B. 계획에서 언급한 목적성취	______	
C. 주제에 대한 상위수준의 이해	______	
D. 연령/학년수준이상의 질적수준	______	
E. 세밀한 주의집중 등	______	
F. 시간, 노력, 에너지	______	
G. 독창적인 기여점	______	

메모:
평가양식 작성자: ______________________________

학생산출물 평가양식

1. **목적에 대한 초기 진술**(Early Statement of Purpose)

학생산출물 초기 단계에서도 목적(테마, 주제, 연구질문)이 분명한가? 다시 말해, 자료를 간단히 살펴보면 산출물의 속성에 대해 분명하게 알 수 있도록 주제나 문제를 정의하고 있는가?

예를 들어, 일학년생이 실시한 코네티컷 북서부 지역의 스컹크에 대한 연구프로젝트에서 전반적인 목적과 범위를 도입부 문단에서 제시하고 있는가?

5	4	3	2	1	NA
매우 그렇다		약간		드물다	

2. **문제에 집중**(Problem Focusing)

보다 넓은 연구영역에서 상대적으로 특별한 문제를 보여 주기 위해서 주제에 집중하고 분명하게 정의하였는가?

예를 들어, "엘리자베스 시대 영국의 드라마" 연구는 "드라마 연구" 그 이상에 초점을 두고 있는가?

5	4	3	2	1	NA
매우 그렇다		약간		드물다	

3. **자원수준**(Level of Resources)

학생 연령/학년수준에서 일반적으로 사용하는 자료보다 상위수준이고, 기술적이며, 복잡한 수준의 자료 및 장비를 사용하는가?

예를 들어, 6학년생이 12세기-16세기 유럽 여러 국가에서 왕관의 역사에 대한 정보를 찾는데 지역 대학도서관을 이용하는가?

5	4	3	2	1	NA
매우 그렇다		약간		드물다	

4. **자원의 다양성**(Diversity of Resources)

산출물을 개발할 때, 다양한 유형의 자료를 사용하려고 노력하였는가? 백과사전 외에 다음과 같은 것에서 정보를 사용하려고 하였는가? 교과서, 기록/통계학책, 전기물, 방법론에 관한 책, 정기간행물, 필름과 필름스트립, 편지, 전화, 인터뷰, 설문지 및 인구조사, 카탈로그 등등.

예를 들어, 제2차 세계대전에 사용된 무기와 탈 것에 관심이 있던 한 4학년 학생은 전기물, 자서전, 정기간행물과 기록문서를 포함하여 이 주제에 대해서 성인수준의 서적을 읽었다. 또한 제2차 세계대전 지역 참전용사와 구전역사 인터뷰를 실시하였고 그 시기에 대한 필름과 필름 스트립을 살펴보고 해외에 파견나간 아들과 주고 받았던 서신도 수집하였다.

5	4	3	2	1	NA
매우 그렇다		약간		드물다	

5. **자원의 적절성**(Appropriateness of Resources)

연구영역 및 주제에 대해 적절한 자료, 인적자료 및 장비를 선택하였는가?

예를 들어, 학교에 음식이 버려지는 이유에 관심이 있던 한 학생은 주 사무직원에게 연락을 취해서 공립학교 카페테리아에 적용할 수 있고 적용해야 하는 규례와 규정에 대해 배웠다. 교사의 도움으로 또한 설문지를 디자인하고, 실시하고, 분석하는 방법을 소개하는 책을 살펴보았다.

5	4	3	2	1	NA
매우 그렇다		약간		드물다	

6. **논리, 계열성과 전이**(Logic, Sequence, and Transition)

연구조사를 실시할 때 일반적으로 밟아야 하는 단계에 논리적인 계열성이 있는가? 아이디어를 분명하고 논리적으로 제시하고 한 아이디어에서 다른 하위주제로 부드럽게 넘어 가는가? (전이)

예를 들어, 기존의 자원봉사자를 주축으로 새로운 소방소를 운영할 것인지 아니면

월급을 받는 직원으로 운영해야 할지 결정하는 연구를 실시한 한 학생이 있다. 처음에 적절한 인터뷰 같은 여러 다른 연구보고서 방법으로 연구하였다. 다음에 월급을 받는 직원과 자원봉사자 소방수를 인터뷰하였다. 그러고 나서 새로운 소방소에 대한 지역 찬반여론을 분석하기 위해 질문지를 디자인하고 보고하는 방법에 대해 배웠다. 여러 논리적인 단계로 연구를 실시한 후에, 축적해 놓은 것을 사용하여 시장과 시 안정위원회를 인터뷰하고 건물건축에 필요한 보조금을 모집하는 캠페인을 펼쳤다. 마지막 연구산출물과 결론을 지역신문에 게재하였다.

5	4	3	2	1	NA
매우 그렇다		약간		드물다	

7. 행동 지향성(Action Orientation)

기존 정보, 아이디어 및 지식을 재이용하여 단지 보고하는 수준 그 이상의 목적으로 연구를 수행하였는가? 다시 말해, 학생의 목적이 어떤 행동을 분명히 지향하고 있는지(예: 자전거 안전성을 향상하는 방법지도, 밀물 동물에 대한 강의); 문학 및 예술적인 산출물(예: 시, 그림, 의상 디자인); 과학적인 장치 및 연구(예: 로봇 만들기, 열, 빛 및 습도 통제하에 식물의 성장을 측정); 리더십 및 관리 노력(예: 신문 편집, 영화만들기/감독하기)을 분명히 보여 주는가?

예를 들어, 도시역사를 연구하기로 결심한 한 학생은 폭넓게 연구한 후에, 도시에 대해 쓰여진 역사책을 살펴보았다. 쉽게 찾아갈 수 있는 역사적으로 중요한 곳을 구체적으로 지명한 사람이 없다는 것을 알게 되었다. 그래서 이 과제에 착수하여 독창적으로 도시 산책여행 가이드를 만드는 연구에 집중하기로 하였다.

5	4	3	2	1	NA
매우 그렇다		약간		드물다	

8. 청중(Audience)

산출물 및 운영계획에 분명하고 구체적으로 적절한 청중을 제시하는가?

예를 들어, 도시 역사를 연구한 학생은 도시 위원회와 시장 앞으로 자신의 독창적인 산책여행 가이드를 제시하였다. 그 다음에 도시 위원회와 시장은 공식적으로 이 가이드를 도시산책여행 가이드로 채택하였다. 도시 신문에 게재되고, 지역 역사학회, 도서관 및 호텔투숙 여행객에게 배포되었다.

5	4	3	2	1	NA
매우 그렇다		약간		드물다	

9. **전반적인 평가**(Overall Assessment)

전반적으로 산출물을 생각해 보고, 다음의 요인별로 일반적인 평가를 내리고, 항목 오른쪽 여백에 적절한 번호를 적는다.

평가척도	
5 = 뛰어남	2 = 평균 이하
4 = 상위 수준	1 = 하위 수준
3 = 평균	

A. 아이디어의 독창성 ________

B. 계획에서 언급한 목적성취 ________

C. 연령에 비해 주제를 상위 수준에서 이해 ________

D. 연령/학년 수준 이상의 질적 수준 ________

E. 세밀한 주의집중 등 ________

부록 E

스탭개발 활동 핸드아웃

참여해 본 경험이 있습니까?

(활동 1.2 핸드아웃)

다음의 집단/활동 등에서 코치, 상담자, 촉진자, 리더 및 가이드로 참여한 적이 있습니까?

스포츠

축구	미식축구
필드하키	체조
농구	야구
소프트 볼	수영
다이빙	트랙과 필드경기

클럽/ 교육과정 외 활동

미래문제해결(Future Problem Solving)	4-H
National History Day	주니어 성취
요리 클럽	발명대회
모의 재판	보이스카우트/걸스카우트
모의 UN 활동	사진 클럽
아웃워드 바운드(Outward Bound)	미래 미국농부
서비스 클럽	

문어, 시각 및 공연예술

드라마 제작	신문
밴드	창의적인 작문 워크숍
합창	연감
컴퓨터/그래픽 디자인	의상 디자인
비디오/영화 만들기	

누가? 무엇을? 왜?

(활동 1.2 핸드아웃)

클럽, 스포츠 팀, 예술공연 및 특별한 주제와 활동별로 집단을 만든 경험을 생각하면서, 다음의 질문에 대답해 주세요.

1. 학생
- 누가 집단에 있었는지 토론해 주세요.

2. 구조
- 집단의 조직적, 물리적인 면에 대해 토론해 주세요〔예: 시간(시, 분), 지속기간(주/달), 위치, 필요한 특별장비 등〕

3. 학생역할
- 집단구성원들은 무엇을 하였습니까?
- 집단구성원들은 어떻게 그것을 하였습니까?
- 왜 집단구성원은 그것을 하였습니까?

4. 교사/촉진자 역할
- 여러분은 무엇을 하였습니까?
- 여러분은 무슨 다른 역할을 하였습니까?

좋은 것 나쁜 것 기타 등등

(활동 2.2. 심화집단 설명문 카드)

심화집단 예: 화산

촉진자는 4~6학년 학생에게 종이로 화산 만드는 것을 알려주고 필요한 재료를 준다. 6주 동안 화산을 만들고, 완성한 화산에 색칠을 한다. 마지막 날에 부모님께서 참여하여 학생들이 원추모양의 화산 끝에 컵을 올려놓고 식초에 붉은 색 식용색소를 첨가하는 것을 보신다. 차근차근 식초와 식용색소 혼합물에 베이킹 소다를 넣으면 화산이 "분출하게" 된다.

심화집단 예: 할 것인가 말 것인가… 시

학생과 촉진자는 작품의 형식을 공부하고 시를 짓고, 교실, 도서관, 커피숍, 치과 대기실에 배포할 창의적인 작품을 만들기로 하였다. 또한 작품 중 가장 잘 된 커버 디자인을 대회에 출품해 보기로 하였다. 게다가 토론과 브레인스토밍을 통해서, 시 낭송의 밤을 갖기로 하였다. 시 낭송의 밤을 준비하기 위해서, 학생들은 Actors' Guild 심화집단에 연락해서 시 낭송을 공연하는데 관심 있는 구성원이 있는지 물어보았다. Young Artist의 심화집단에 연락하여 작품출판과 전시에 대해 조언을 구하기도 하였다. 본 심화집단은 지역 시 낭송으로 끝맺음을 하였고 지역 사업체에 출판본을 보내었다. 지역 라디오와 텔레비전 미디어에서 시 낭송의 밤을 보도하였고, 지금은 연중행사가 되었다.

심화집단 예: 초콜릿, 얼마나 달까?

촉진자는 학생들에게 초콜릿이 어디서 나는지, 어떻게 만드는지, 제품과 질의 차이, 초콜릿 사용, 초콜릿에 대해 과학적으로 알려진 것들과 초콜릿의 역사를 알려주기 위해 학생과 함께 활동한다. 초콜릿을 사용하여 무언가를 만들고 맛을 내어본다. 마지막 산출물로, 학생들은 학교에서 초콜릿 시식대회를 조직하고 심화집단에서 초콜릿에 대해 배운 중요 사실을 브로셔로 만들어 배포한다.

심화집단 예: 그에 관한 것 모두 읽기

본 심화집단은 학교신문을 만들기 위해 구성되었다. 촉진자는 학생들과 함께 브레인스토밍하여 신문에 포함해야 하는 특징으로 무엇이 있는지 살펴보고 신문제작의 여러 면에 대해서 토론한다. 지역신문사에서 일하는 사람의 발언을 듣고 질문을 해 본다. 그리고 나서 학생자신의 신문을 만들기 위해 필요한 내용 목록, 과정과 스케줄을 차트로 만든다. 여러 역할을 토론하여 흥미에 따라 역할을 분담하고(예: 사진사, 배정, 편집, 기자, 작가, 마케팅 등), 격주로 신문발행을 한다. 청중은 학교전체를 대상으로 한다.

심화집단 예: 환경연구

본 심화집단은 환경문제에 관심과 열정이 있는 중학교 학생을 위한 것이다. 첫째 날, 촉진자는 학생들이 특히 관심 있는 환경문제에 대해 토론한다. 그리고 나서 집단별로 그 문제를 논의하고 가장 관심 있는 세 가지 문제로 좁힌다. 이 세 가지 문제는 지역 수질, 새로운 마을 쓰레기 처리장과 지역 멸종위기에 처한 동물들이다. 위의 목록에서 2개 집단, 지역 쓰레기 처리장 중단과 지역 멸종위기에 처한 동물에 대한 자각운동 활동을 구성한다. 이들 활동을 통해서, 적절한 승인을 얻어 쓰레기 처리장을 막을 수 있었고 팸플릿을 만들어(지역신문에 게재하는) 지역주민에게 3개 멸종위기에 처한 동물과 12개 식물을 알리고 이들 동식물에 대한 보호조치를 호소하였다.

심화집단 평가

(활동 2.2. 핸드아웃)

다음의 질문을 사용하여 심화집단 예를 평가하세요.

1. 위의 예들이 좋은 심화집단의 요소를 얼마나 잘 언급하고 있습니까?

   - 상급수준의 내용

   - 진정성 있는 방법론 사용

   - 산출물 혹은 서비스

   - 학생 주도적

   - 진정성 있는 청중

2. 위의 심화집단 예들을 어떻게 하면 보다 바람직한 심화집단 철학과 실제를 반영하도록 향상할 수 있습니까?

심화집단 개발

(활동 3.1. 핸드아웃)

그룹별로, 여러분의 심화집단 주제에 대해 다음 질문에 대답해 주세요.

1. 본 심화집단 이름이 무엇입니까?

2. 본 심화집단의 산출물 및 서비스는 무엇이 될까요?

3. 심화집단 구성원들이 무슨 역할을 할 것입니까?

4. 심화집단에서 필요한 상위수준의 내용, 자원과 방법은 무엇입니까?

5. 산출물 및 서비스의 진정한 청중은 누구인가요?

노력과 결과

(활동 5.1. 핸드아웃)

다음 질문을 통해서, 여러분의 심화집단 경험에 대해 생각해 보세요.

1. 여러분의 심화집단에서, 다음의 요소들을 어떤 방식으로 언급하였나요?

    - 상급수준의 내용
    - 진정성 있는 방법론
    - 산출물 및 서비스
    - 진정성 있는 청중
    - 학생 주도성

2. 여러분이 한 것 중에서 가장 예외적인 것이 있다면 무엇인가요?

3. 앞으로 본 심화집단 활동을 향상하려면 무엇을 해야 합니까?

부록 F

심화집단의 실제

제3회 Art Science Inquiry 대회를 본 책에 실을 수 있도록 협조해 주신 장영실 과학고등학교 교장선생님과 과학교육부 선생님께 진심으로 감사드린다. 미국의 심화집단(Enrichment Cluster) 활동을 한국에 소개하고 그 적용가능성에 대해 고심할 때, 장영실 과학고등학교에서 현재 실시하고 있는 Art Science Inquiry 대회를 접하게 되었다. 여러 선생님, 특히 조오근 선생님과 박광순 선생님의 도움으로 직접 Art Science Inquiry 대회 발표를 보면서 이와같은 좋은 교육활동을 여러 선생님과 학생들에게 소개하고 싶었다. 본 책에 귀중한 Art Science Inquiry 대회를 소개하도록 허락해 주신 학교와 대회에 열심히 참여하면서 향후 우리나라 발전에 기여할 꿈을 키우고 있는 보배(학생)들에게 다시 한 번 감사드리면서, 다른 학교에서도 심화집단이 활성화되길 기대한다.

2007 제3회 Art Science Inquiry 운영 계획

장영실 과학고등학교

I. 제3회 Art Science 탐구대회 개최 요강

1. Art Science의 목적

1) 자연 또는 인공물의 아름다운 모양이나 현상을 소재로 그 속에 숨은 과학 원리를 구하는 과정을 통하여 사물을 깊이 관찰하는 기초 탐구능력을 기른다.
2) 실생활 주변에서 접하는 소재에 대한 탐구활동을 통하여 자연에 보다 친숙하며 흥미와 관심을 가짐으로써 긍정적 과학 태도를 기른다.
3) 개방적 탐구활동을 통하여 문제해결력을 기르며, 과학 개념적용 능력을 기른다.

2. 주요 추진 일정

단계	일자	비고
□ 개최 홍보	2.5(월)~2.13(화)	• 1학년 전체 대상 • 포스터 및 홈페이지 게시 • 신입생 집중교육시 홍보
□ 개최 요강 발표	3.8(금)	
□ 개최 요강 홍보 및 연수	3.8(금)~	
□ ART SCIENCE 사진전 작품 제출 마감	3.29(목)	• A4 크기, 간단한 내용 설명 포함 • 1, 2, 3학년 개인별 신청
□ ART SCIENCE 사진 CONTEST 작품 심사	3.30(금)~4.2(월)	
□ ART SCIENCE 사진 CONTEST 심사 결과 발표	4.3(화)	
□ ART SCIENCE 사진 전시	4.3(화)~4.27(금)	
□ ART SCIENCE 탐구발표 대회 참가 계획서제출	4.3(화)~4.7(토)	• 1, 2, 3학년 3인 또는 4인 1조 팀별 신청 • 탐구상황 소개, 탐구과제 찾기, 가설세우기, 가설 검증을 위한 탐구설계 • A4 2~3쪽
□ ART SCIENCE 탐구발표 대회 참가 계획서 심사	4.9(월)~4.10(화)	• 실험실과 실험재료 구입계획 • 발표 방법지도 • 지도교사 연결
□ ART SCIENCE 탐구활동	4.10(화)~4.21(토)	• 가설검증(실험, 문헌참조, 토의, 검색, 기타), 이론조사
□ ART SCIENCE 탐구발표 대회 참가 계획서 심사결과 발표	4.11(수)	
□ ART SCIENCE 탐구발표 대회 설명서제출	4.20(금)	• 완성된 탐구보고서, A4 6~8쪽
□ ART SCIENCE 탐구발표 대회	4.25(수)	• ppt 자료, 탐구결과 정리 • 6,7 교시 R & E 시간에 발표
□ ART SCIENCE 탐구발표 대회 결과발표	4.27(금)	
□ ART SCIENCE 포스터 전시	4.27(금)~4.30(월)	
□ 시상식	5월 전체조례 시	
□ 탐구내용 보완	4.26(목)~9.20(목)	• 실험을 계속하면서 탐구내용 보완
□ Art Science 산출물 대회		• 최종보고서 평가 • 종합보고서 발간

II. 제 3회 Art Science 대회구분 및 출품 작품 내용

1. Art Science의 사진 contest

1) Art Science 사진 Contest 내용

자연 또는 인공의 아름다운 모양이나 현상을 보여주는 사진 작품 또는 동영상 작품(10초 이내) 속에서 과학적 원리를 탐구할 수 있도록 작품을 공모한다. 이 때 파일도 함께 출품하며 학생들이 출품하는 사진은 화려한 빛을 통하여 아름다움을 나타내는 경우(화려함의 미), 주기적인 현상, 규칙성 및 반복성으로 아름다움을 나타내는 경우(규칙성의 미), 대칭 구조의 안정감을 통해 아름다움을 나타내는 경우(대칭성의 미), 신기한 자연현상의 아름다움을 나타내는 경우(신기함의 미), 단조로운 현상이나 대상보다 변화무쌍한 현상을 보고 느끼는 아름다움(다양성의 미)과 자연 및 어떤 대상에 나타난 조화의 아름다움(조화로움의 미)을 사진 및 동영상으로 찍어 출품한다. 이 때 사진 크기는 A4 이상으로 간단한 설명과 내용요약을 첨부한다. 그러나 ① 국내외에서 이미 공개된 작품 또는 인터넷에서 다운받아서 출품한 작품, ② 출품자가 직접 촬영한 작품이 아닌 대리 작품 또는 남의 이론을 베끼는 경우, ③ 과학적 가치가 없다고 인정되는 작품에 대해서는 출품할 수 없다.

2) 출품자격

1, 2, 3학년 개인별로 신청하고 과학교육부에 작품설명서를 제출한다.

3) 작품 심사

심사는 교직원들로 구성된 심사위원회에서 실시하며, 작품이 표절작 혹은 대리작인지 확인한 후 작품의 예술성, 과학적 원리, 창의성에 중점을 두어 심사한다. 심사는 다음과 같은 평가항목에 따른 평가관점에 의거하며 시상인원은 출품작의 수준 및 작품 수에 따라 조절하며 시상인원은 출품수가 100작품 이상인 경우 40%를 초과할 수 없다. 심사 후 우수작은 학교 홈페이지를 이용하여 Cyber 전시한다.

평가항목	평가준거
예술성	• 작품이 객관적인 아름다움을 표현하고 있는가?
과학적 원리	• 작품 속에 과학적 원리를 포함하고 있는가?
창의성	• 창의적인 아이디어를 포함하고 있는가?

구분 / 상별	인원	상품	비 고
최우수상		도서상품권 3	
금 상		도서상품권 2	
은 상		도서상품권 1	
동 상		노트 3권	
계			

2. Art Science의 탐구대회

1) Art Science 탐구대회 내용

Art Science 사진 Contest에서 선정된 작품이나 작품으로 출품하지 않았지만 과학적 탐구소재로 적합한 내용(이 경우에도 반드시 탐구 소재로 선정한 사진 또는 영상물을 제시해야 함)을 소재로 이에 흥미를 가진 학생들이 탐구집단을 구성하여 과학 원리를 실제 전문가처럼 연구한다. 3 혹은 4인이 한 개의 탐구집단으로 참가하며 각 조원의 역할이 분명히 나타나야 한다. 연구과정에서는 담당교사 및 전문가의 지도자문을 구할 수 있다. 참가자는 소정의 양식에 따라 계획서를 작성하고 탐구내용 설명서를 A4 8~10쪽 내외 분량으로 작성한다. 작성한 설명에 남의 글을 인용하는 경우 그 출처를 반드시 밝혀야 한다.

예: 김현재, 정현주(1985). 국민학교 저학년 아동을 위한 과학놀이 활동자료 개발연구. **한국과학교육학회지**, 5(2), 113-137.

예: Hunt. A. (1996). SATIS respond to new challenges. *School Science Review, 78* (283), pp. 43-45.

2) 참가자격

1, 2, 3학년 3인 혹은 4인이 한 개 팀을 구성하며 계획서를 과학교육부에 제출한다.

3) 계획서 심사

계획서 심사는 교직원들로 구성된 심사위원회에서 실시하며, 문제발상의 창의성, 과제 해결방법의 타당성에 중점을 두어 심사한다. 7 팀을 선발하여 선발된 팀은 탐구발표 대회에 참가한다.

평가항목	평 가 준 거
문제발상의 창의성	• 작품에서 창의적인 탐구과제를 찾아내는가?
과제해결 방법의 타당성	• 탐구과제 해결을 위한 방법은 타당한가?
개념 원리의 적용과정	• 현상을 과학적 개념, 원리에 잘 적용하는가? • 이론의 전개과정에서 모순되는 점은 없는가?

구분 / 상별	인원	상품	비 고
최우수상		도서상품권 3	
금 상		도서상품권 2	
은 상		도서상품권 1	
동 상		노트 3권	
계			

4) 탐구 절차

① **Art Science 감상:** 주어진 사진 속에 들어 있는 다양한 과제를 찾아낸다.

② **문제인식 단계:** 다양하게 찾아 낸 과제 중에서 해결 가능한 것을 골라 과제를 구체화한다.

③ **가설설정 단계:** 기존 지식을 바탕으로 과제에 대한 잠정적 결론을 이끌어 보는 단계이다. 가설은 경험이나 기존의 지식을 근거로 제시한다.

④ **탐구설계 단계**: 가능한 한 충분한 자료를 토대로 이론에 바탕을 두고 문제를 근거 있게 해결하는 단계이다. 토론, 참고도서인용, 실험, 시뮬레이션, 체험, 인터넷 검색 등 독창적인 방법으로 문제를 해결하도록 한다.

⑤ **자료수집(현상구현) 및 분석 단계**: 수집한 자료를 해석하고 이를 기존의 지식과 연결시키는 과정이다. 처음 탐구를 시작할 때 세운 가설이 맞는지 검증하는 단계이기도 한다.

⑥ **결과 종합(문제해결) 단계**: 탐구를 통하여 알게 된 점을 종합하고 또 개념조직을 위해 RHD(Round House Diagram)을 활용한다.

⑦ **심화적용 단계**: 탐구를 통하여 알게 된 지식을 토대로 보다 심화된 문제를 해결함으로써 응용력을 키운다.

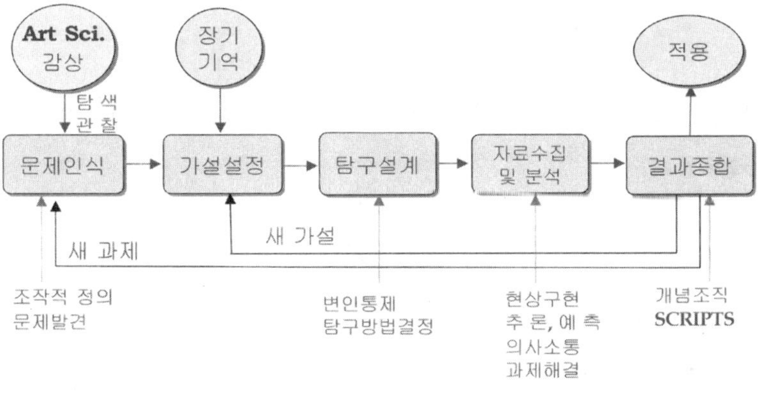

5) 탐구보고서 내용 작성요령

과제를 스스로 또는 팀별로 만들고 토론이나 실험 등 다양한 방법을 통해 해결한 내용을 A4 용지 6~8쪽 정도로 작성한다. 아래 방법 1에서 방법 3 중 한 가지를 택하여 기술하며 반드시 마지막에는 RHD로 요약한다. 탐구내용은 탐구과제, 가설 및 과제해결 방안을 가능한 한 통합교과적, 창의적 방법으로 제시한다.

〈방법 1〉 좁고 깊게 쓰는 방법(개념 심화형): 사진 속에 나타난 탐구 과제 중 한 두 가지 테마를 중심으로 좁고 깊게 탐구하는 방법.

〈방법 2〉 얕고 넓게 쓰는 방법(개념 나열형): 사진 속에 나타난 탐구 과제를 가능한 다양하게 수행하는 방법.

〈방법3〉 절충형: 두 방법을 절충하는 방법.

보고서에서 요청하는 창의적 과제해결 방법은 다음 중 어떤 형태이든 한 가지 이상을 포함하여 작성하면 된다.

① 확산적 사고:

- 가능한 한 많은 과제, 가설, 해결 방안을 제시한다(유창성).
- 다양한 종류(영역)의 과제, 가설, 해결 방안을 제시한다(다양성).
- 구체적인 과제, 가설, 해결 방안을 제시한다(정교성).
- 독창적인 방법으로 과제, 가설, 과제 해결(관습적 사고의 틀을 깨고).
- 정교하게 해석한다.

② 수렴적 사고:

- 정합성-이치에 잘 맞게 표시한다.
- 통합성-여러 가지를 뭉뚱그려 통합적으로 표시한다.
- 단순성-복잡한 내용을 단순화한다(수식, 그래프, 요약한 언어로 표시).

③ 연관적 사고

- 별개로 보이던 두 개 이상을 서로 연결한다.
- 기존의 지식으로부터 새로운 것을 찾아낸다.
- 이미 잘 알려진 현상이나 법칙을 새로운 현상을 설명하기 위해 도입한다.

6) 탐구보고서 평가 준거

평가준거	평가척도			비고 (총점)
	H=2, 3	M=2	L=1	
문제이해 단계에서 창의성을 보이는가?(유창성, 정교성)	탐구문제를 유창하게 찾아서 정교하게 끌어낸다.	탐구문제를 유창하게 찾지만 정교화하지 못하다.	탐구문제를 잘 찾아내지 못한다.	3
가설설정단계에서 창의성(연관성)을 보이는가?(비유, 유추)	비유나 기존 지식에 연관시켜 가설을 근거 있게 세운다.	가설을 세우되 근거 있게 표현하지 못한다.	가설을 세우지 못하거나 1차적 수준의 근거를 제시한다.	3
탐구 설계 및 탐구과정이 독창적이며, 체계성을 보이는가?(독창성)	탐구 설계 과정이 독창적이며, 탐구문제와 잘 연결되며 체계적이다.	탐구 설계 과정이 체계성은 있으나 독창적이지 못하다.	탐구 설계가 엉성하며 체계성이 없고 독창성도 떨어진다.	2
정리 단계에서 탐구 결과가 이치에 어긋나거나 모순은 없는가? RHD 분석(정합성).	찾아낸 개념이 이치에 잘 맞고 탐구문제의 핵심에 잘 접근한다.	찾아낸 개념이 탐구문제의 핵심을 표현하는데 다소 부족하다.	찾아낸 개념에 오류가 있거나 탐구문제의 핵심과 거리가 멀다.	2 (10)

3. Art Science의 산출물 대회

1) Art Science 산출물 대회 내용

Art Science 탐구발표대회 후에 학생들이 탐구집단에서 탐구한 내용을 계속 보완하여 산출물을 제출한다.

2) 산출물 심사

평가항목	평가준거
창의 · 탐구성	• 과학적 착상(본인의 아이디어)의 독창성 • 탐구과제 해결과정에서의 창의성 · 탐구성
완벽성	• 이론적 타당성 (탐구내용의 목적, 과정, 결론의 명확성 여부)

구분 / 상별	인원	상품	비 고
최우수상		도서상품권 3	
금 상		도서상품권 2	
은 상		도서상품권 1	
동 상		노트 3권	
계			

III. 제 3회 Art Science 대회 출품서식의 예

1. Art Science 사진 Contest 작품

- 촬영 일시: 2004. 10. 17. 16:00
- 촬영 장소: 동해 바닷가(포항)
- AS 작품 제작 동기: 포항을 여행하다가 확 트인 동해 바닷가에서 파도가 치는 광경을 관찰하게 되었다. 먼 바다에 파도가 넘실대는 모습, 파도가 해안에 들어오면서 깨어지는 모습, 바닷물의 다양한 색상, 바위에 깨어져 물보라가 일어나는 모습, 바닷물에 젖은 바위가 저녁 햇살을 받아 반짝이는 모습 등이 너무 아름답게 느껴져 작품으로 나타내고 싶었다.

2. Art Science 탐구대회

1) 탐구발표대회 참가계획서

팀명			부문	물리	화학	동물	식물	지구과학	환경	기타	(해당란에 ○표)

<table>
<tr><td colspan="3">제3회 ART SCIENCE 탐구발표대회 참가계획서</td></tr>
<tr><td rowspan="6">인적사항</td><td colspan="2">출품학생</td></tr>
<tr><td>학번</td><td>성명</td></tr>
<tr><td></td><td>(인)</td></tr>
<tr><td></td><td>(인)</td></tr>
<tr><td></td><td>(인)</td></tr>
<tr><td></td><td>(인)</td></tr>
<tr><td>작품명</td><td colspan="2"></td></tr>
<tr><td>작품개요</td><td colspan="2">* 작품연구(제작) 과정 즉, 작품제작(촬영) 동기 또는 작품 선정 동기, 작품에서 발견할 수 있는 탐구과제, 가설설정, 가설 검증의 방안, 예상 결과 등의 순으로 간략하게 기재
* 자세한 내용은 A4 별지 용지에 작성하여 첨부(1장 정도)

-뒷장 부록 참조</td></tr>
<tr><td colspan="3">위와 같이 제3회 ART SCIENCE 탐구발표 대회에 출품하고자 참가계획서를 제출합니다.

2007년 월 일

과학교육부 귀하</td></tr>
</table>

2) 탐구발표대회 설명서 작성양식

설명서는 편집하여 탐구논문 책자를 만들 것이므로 다음 편집요령에 맞춘다.

① 겉표지

- 작품명
  - ▸ 작품의 내용을 한 눈에 알아 볼 수 있도록 구체적으로 표현한다.
  - ▸ 작품명은 크고(보통 30~40포인트) 선명한(진하게) HY그래픽체로 쓴다.
- 출품부문은 물리, 화학, 동물, 식물, 지구과학, 환경, 기타로 구분하여 기록한다.
- 출품자의 학번 성명은 겉표지에만 기록하고, 속표지와 내용에는 기록하지 않는다.
- 출품번호는 기록하지 않는다.
- A4 규격 8~10면 이내로 작성하되 좌철 제본하여 출품원서 제출 시 6부 제출한다.

② 설명문

- 작성순서(추후 설명서 예시파일을 학교 홈페이지에 올리겠음)
  (1) Art Science 작품 감상 단계
  (2) 문제발상 단계
  (3) 가설설정단계
  (4) 탐구설계단계
  (5) 자료수집 및 분석단계
  (6) 결과종합단계
  (7) 적용 또는 확장 탐구 단계
- 설명문은 흔글로 작성하여 휴먼명조체로 선명하게 기재한다.
- 입력 시 주의사항
  - ▸ 용지여백: 왼쪽 25mm, 오른쪽 25mm, 위 20mm, 머리말 15mm, 아래 15mm, 꼬리말 15mm
  - ▸ 줄 간격 160%, 자간 0, 장평 100
  - ▸ 글꼴 순서 및 크기
    1. 15포인트 HY그래픽(진하게)
       가. 14포인트 휴먼명조, 들여쓰기 2
          1) 13포인트 휴먼명조, 들여쓰기 4
             가) 12포인트 휴먼명조, 들여쓰기 6
                (1) 11포인트 휴먼명조, 들여쓰기 8
                   (가) 11포인트 휴먼명조, 진하게, 들여쓰기 8
  - ▸ 본문내용: 11포인트 휴먼명조로 작성한다.
  - ▸ 페이지 번호는 하단 중앙에 넣는다.

③ 그림(삽화) 또는 관계사진 삽입

- 사진, 그림, 표는 반드시 '캡션달기'로 처리한다.

3) 작품설명표(포스터 부착용) 작성요령

제목표 (별도 용지)	〈— 20cm —〉 기재하지 않음	○ ○ ○ ○ 에 관한 Art Science 탐구 (부 문:) (팀명:) 학번 ( ) 성명( ) 학번 ( ) 성명( ) 학번 ( ) 성명( ) 학번 ( ) 성명( )
설명표 (B4) 연속으로 이어나감	※ 기 재 요 령 1. 제 목 표 ○ 부문은 물리, 화학, 동물, 식물, 지구과학, 환경 중에서 해당되는 것만 기록. ○ 규격 준수: 아래 설명표 만 B4 4 배로, 제목 표는 별도용지에 규격대로 작성. 2. 설 명 표(B4 4매) * 설명서 내용을 B4 용지 4매로 요약하여 전시 가. ART SCIENCE 감상 단계(탐구 동기 포함) 나. 문제 발상 다. 가설설정 라. 탐구설계 마. 자료수집 및 분석 바. 결과 종합 * RHD(Round House Diagram) 활용 사. 적용(또는 확장 탐구) * 중요한 요점은 큰 글씨로 선명하게 표시, 가능하면 삽화 및 사진 등을 넣고, 강조하고 싶은 점은 색깔이 있는 문자 또는 그림으로 강조하면 효율적임 3. 용지는 모조지로 하고 설명표는 B4 용지 4매를 초과하지 않는다.	

* 개념정리를 위한 RHD

1. 수업에서 주가 되는 아이디어는 무엇인가?
2. 중앙의 원 안에 탐구 title을 창의적으로 표현해 보라.
3. 이 다이어그램을 구성하는 동안 여러분이 가지는 **목표**를 써 보라.

____

____

____

4. 학습내용의 개념이 완전히 잡히거든 개념을 7가지 이내로 표현해 보라.

____

____

____

____

____

____

5. 7조각의 내용을 잘 조직하여 chunk하거나 또는 요약하여 자료의 양을 줄여보라.
6. 여러분이 재구성한 정보내용과 관련하여 **상징적인 아이콘**을 각 조각에 대응시켜 그려보라.

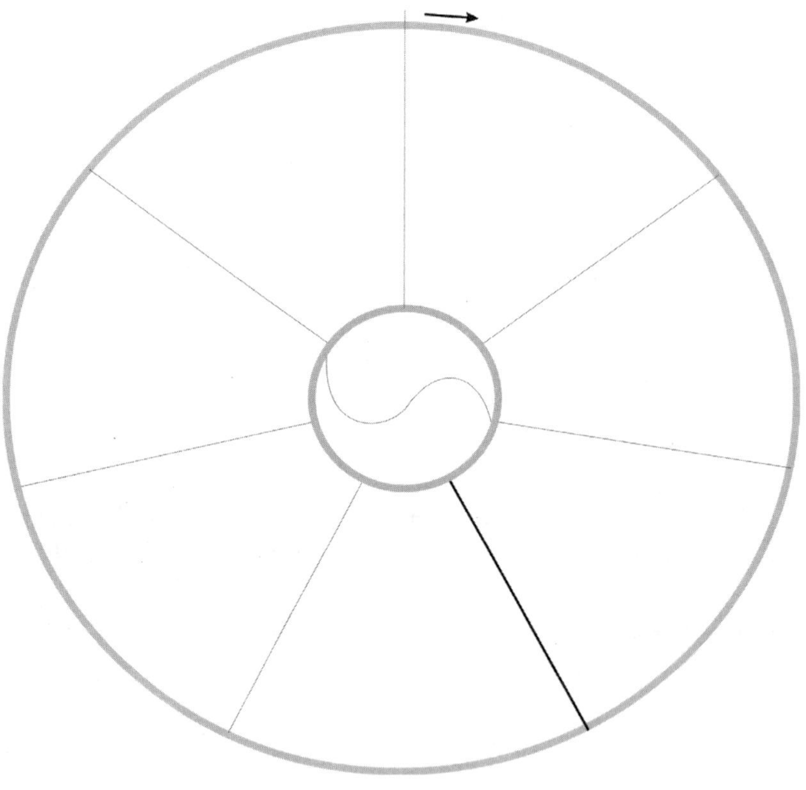

IV. Art Science 탐구발표대회 학생산출물

1. 제 3회 Art Science 탐구발표대회 결과

연번	학년	구성원	작품명	수상명
1	2	차재목, 김무경 김철훈, 서민국	자치기에 대한 역학적 해석	최우수
2	2	김규태, 전병수 정재원, 한동길	물안에 피어오르는 불꽃	금상
3	2	박준오, 신현권 전승욱	호박으로 전반사를 일으키는 보석만들기	금상
4	1	김민석, 김수한 옥광현, 이광렬	물수제비, 그속의 과학	금상
5	2	전영준, 이준	이중창에 맺힌 상에 대한 연구	은상
6	1	고세양, 명미라 이환, 정연규	김의 색소와 구조 및 제조공법	은상
7	1	김경민, 신진아 임여희, 전은지	달걀 속 껍질	은상
8	2	공완지, 구현경 김성민, 안소현	원근법에 관한 과학적 고찰	은상
9	2	박진우, 박찬호 신승우	달걀 속 껍질에 대한 고찰	은상
10	2	진윤수, 박성현 정광현, 김용한	불꽃놀이에 관한 연구	동상
11	1	김민수, 김소은 김유진, 김윤아	형광등 검은선의 비밀	동상
12	1	부경욱, 빈승현 신홍근, 안재형	바람에의한 모래무늬에 대한 탐구	동상
13	1	권기록, 류재현, 이동진, 최창인	비눗방울에 관한 탐구	동상
14	1	김재희, 문준원 이진석, 주용우	장독대	동상
15	2	박성규, 이태훈 오승철, 전다현	사진에 나타난 물체의 형태가 왜곡되는 현상에 관한 연구	동상
16	1	정민우, 김정민 이동규, 이용훈	장비우스의 고뇌	동상
17	2	서인혁, 이정준 이지수, 최시준	고양이 눈동자의 발광현상에 관한 연구	동상

한국의 전통 놀이인 자치기에 대한 역학적 해석

JOG Science Team
2219 차재목 2405 김무경 2406 김철훈 2410 서민국

(본 자료는 2007년 4월 25일 Art Science 탐구대회 발표물로써 탐구보완과정이 아직 진행 중인 연구임)

〈출처: http: //100.empas.com/dicsearch/pimage.html?s=&i=272950001&en=272950&p_i=&a_i=&e=1〉

I. Art Science 작품 감상

작년 물리시간에 한국 전통놀이에 대한 여러 가지 물리적인 사실들과 원리들을 배웠었다. 단지 '놀이'로서 즐기기만 했던 우리에게는 신선한 충격이 아닐 수 없었다. 그래서 우리는 내년 ASI에서 우리 전통놀이에 대한 과학적 사실을 우리가 찾아보자고 서로 의견을 모았었다. 그리하여 우리는 이번 ASI에서 전통놀이에 대한 사진을 찾아보았으나 마땅한 사진을 찾을 수 없어 인터넷을 이용했다. 한국 전통놀이에 대해 인터넷 서핑을 해보니 약간은 생소한 '자치기'를 찾게 되었다. 팽이치기나 굴렁쇠 굴리기와 같이 과학적으로 많이 알려져 있는 것보다는 우리가 거의 처음 시작해보는 주제가 좋을 것 같아서 이 사진을 선택하게 되었다. 사진을 보면 한 아이가 자치기를 하려 한다. 자치기는 멀리 가게 하는 것이 중요한데, 아이가 내리치는 속도가 얼마나 빨라야 하는지, 날려 보낼 막대의 길이는 어느 정도가 되는 것이 가장 좋은지 등에 대한 궁금증이 생겼다.

Ⅱ. 탐구 문제 발상

(1) 막대의 길이와 막대의 수평 비행 거리 사이의 관계를 알아본다.

(2) 막대의 탁자 밖으로 나온 부분의 비율과 수평 비행 거리 사이의 관계를 알아본다.

(3) 막대를 내리치는 속도와 막대의 수평 비행 거리 사이의 관계를 알아본다.

(4) (1)~(3)의 결과를 통하여 자치기의 운동을 기술할 수 있는 수학적 관계를 찾아본다.

Ⅲ. 탐구 가설

(1) 막대의 길이가 길수록 멀리 날아갈 것이다.

(2) 실험대 바깥쪽으로 많이 나와 있을수록 멀리 날아갈 것이다.

(3) 내리치는 막대의 속도가 빠를수록 멀리 날아갈 것이다.

Ⅳ. 이론적 배경

(1) 회전운동에너지

회전운동에너지는 회전하는 강체의 입자 회전운동에너지를 총합한 것으로, $K=\frac{1}{2}\Sigma m_i r_i^2 \omega^2$으로 표현되며, $\Sigma m_i r_i^2 = I$(관성모멘트)에 의해서 $K=\frac{1}{2}I\omega^2$ 로 나타내어진다.

(2) 평행축 정리 및 회전관성

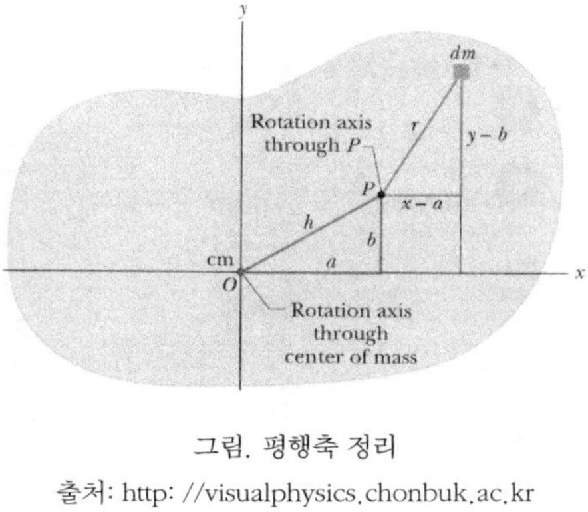

그림. 평행축 정리

출처: http: //visualphysics.chonbuk.ac.kr

질량중심을 축으로 하는 관성모멘트 I_{CM} 에 평행한 어느 축을 중심으로 회전하는 물체의 관성모멘트 I를 질량중심까지의 거리 h와 관계식으로 표현한 것을 평행축정리라 하고, 이는 $I = I_{CM} + Mh^2$과 같이 표현된다.

(3) 포물체 운동

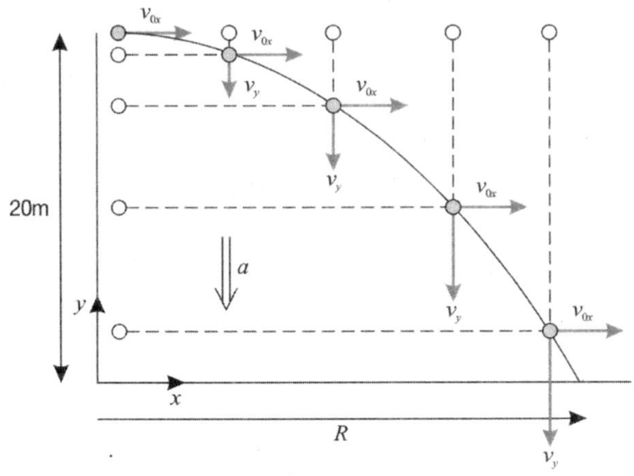

포물체는 일정한 속력의 수평운동과 중력에 의한 수직방향 가속을 갖는 수직운동의 두 가지 독립적인 운동을 한다. 지면에서부터 포물체를 초속도 v_0, 포사각 θ로 발사하였을 때, x, y 좌표는 다음과 같다.

$$x = (v_0 \cos\theta)t,\ y = (v_0 \sin\theta)t - \frac{1}{2}gt^2$$

(4) 역학적 에너지 보존

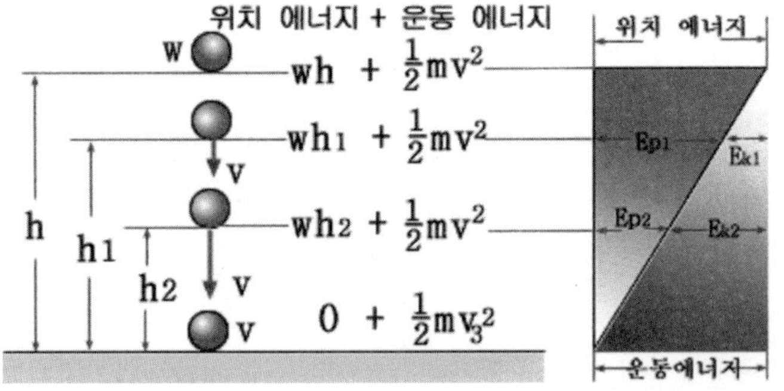

보존력만을 받는 물체에서 일-에너지 정리 $W_{\neq T} = \Delta K$와 퍼텐셜에너지의 정의 $W_c = -\Delta U$를 결합할 수 있다. $W_{NET} = W_c$이므로 $\Delta K + \Delta U = 0$이다.

위의 식에서 $\Delta K = K_f - K_i$이고, $\Delta U = U_f - U_i$이므로, $K_f + U_f = K_i - U_i$로 나타낼 수 있다. 이 식은 운동에너지와 퍼텐셜에너지가 각각 변하더라도, 두 값의 합은 어느 위치에서도 같음을 의미하고, 역학적 에너지 $E = K + U$로 정의된다. 여기서 $\Delta E = 0$, 즉 $E_f = E_i$임을 알 수 있다. $K_f + U_f = K_i - U_i$와 $\Delta E = 0$를 역학적 에너지의 보존원리라고 한다.

V. 실험 설계 및 수행

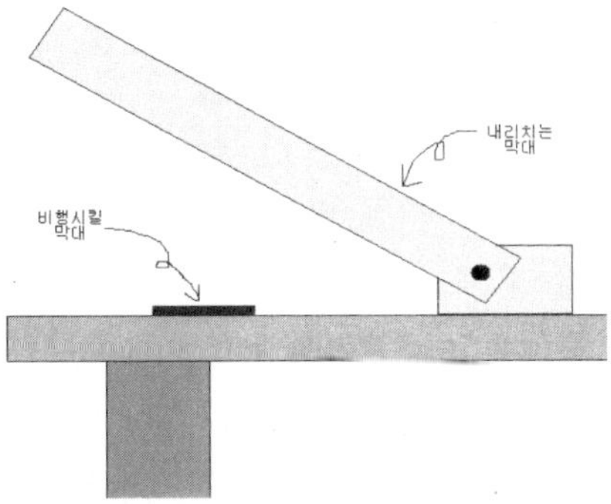

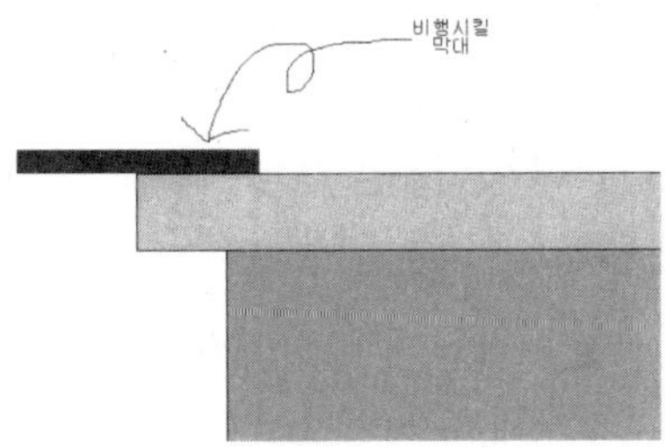

(1) 막대의 길이에 따른 비행 거리

① 각기 길이가 다른 막대 4개를 준비한다.

② 막대 하나를 실험대 가장자리에 둔다.

③ 그림과 같은 장치를 이용하여 막대를 쳐서 비행시킨다.

④ 막대가 이동한 수평 거리를 측정한다.

⑤ 4개의 막대로 같은 실험을 여러 번 반복한다.

⑥ 실험대 바깥쪽으로 나온 부분과 실험대 위에 있는 부분의 비율은 매 실험 같아야 한다. 또한, 막대에 가해지는 힘을 같게 하기 위하여 그림에서 내리치는 막대가 기울어진 각도를 일정하게 해야 한다.

⑦ 각 막대의 실험 결과를 기록하고 분석한다.

(2) 실험대 바깥으로 나온 부분과 실험대 위에 있는 부분의 비율에 따른 비행 거리

① 나무막대 하나를 준비한다.

② 막대를 실험대 가장자리에 둔다.

③ 그림과 같은 장치를 이용하여 막대를 쳐서 비행시킨다.

④ 막대가 이동한 수평 거리를 측정한다.

⑤ 실험대 바깥쪽으로 나온 부분과 실험대 위에 있는 부분의 비율을 계속해서 달리하며 실험을 반복한다. 이때, 막대에 가해지는 힘을 같게 하기 위하여 그림에서 내리치는 막대가 기울어진 각도를 일정하게 해야 한다.

⑥ 여러 번 실험 후 결과를 기록하고 분석한다.

(3) 힘의 크기

① 나무막대 하나를 준비한다.

② 막대를 실험대 가장자리에 둔다.

③ 그림과 같은 장치를 이용하여 막대를 쳐서 비행시킨다.

④ 막대가 이동한 수평 거리를 측정한다.

⑤ 막대에 가하는 힘의 크기를 달리하며 실험을 반복 수행한다. 이 때, 힘의 크기를 달리하기 위하여 그림에서 내리치는 막대가 기울어진 각도를 계속해서 변화시켜야 한다. 또한 실험대 바깥쪽으로 나온 부분과 실험대 위에 있는 부분의 비율은 언제나 일정하게 한다.

⑥ 여러 번 실험 후 결과를 기록하고 분석한다.

Ⅵ. 실험 결과

(1) 막대의 길이에 따른 비행 거리

① 통제 변인

실험대 바깥쪽으로 나온 부분과 실험대 위에 있는 부분의 비율: 1:3

막대의 폭: 2 cm

막대의 두께: 0.2 cm

실험대 바깥쪽으로 나온 부분에서 힘이 가해지는 부분의 비율: 1:1

② 실험 결과

막대의 길이(cm)	6	8	10	12
날아간 거리(m)	2.7871	2.8860	3.0611	3.2774

(2) 실험대 바깥으로 나온 부분과 실험대 위에 있는 부분의 비율에 따른 비행 거리

① 통제 변인

막대의 질량: 6.9 g

막대의 길이: 12 cm

막대의 폭: 2 cm

막대의 두께: 0.2 cm

실험대 바깥쪽으로 나온 부분에서 힘이 가해지는 부분의 위치: 1:1

② 실험 결과

삐져나온 부분 비율	1: 2	1: 3
날아간 거리(m)	2.0774	3.2774

(3) 치는 막대의 속도

① 통제 변인

실험대 바깥쪽으로 나온 부분과 실험대 위에 있는 부분의 비율: 1:3

막대의 질량: 6.9 g

막대의 길이: 12 cm

막대의 폭: 2 cm

막대의 두께: 0.2 cm

실험대 바깥쪽으로 나온 부분에서 힘이 가해지는 부분의 비율: 1:1

② 실험 결과

막대의 각도*	1	3/4	2/3
날아간 거리(m)	3.2774	2.3343	1.6832

*가장 큰 각도로 기울였을 때의 각을 1로 하고 상대적인 각의 크기로 나타내었다.

VII. 결과 해석

우선 실험 (1)에서 길이가 길어지고 튀어나오는 비율이 같을 때는 막대의 길이가 길수록 멀리 날아가는 경향성을 보였다. 먼저 길이가 길어지면 질량이 커지고 길이가 길어진다.

힘은 일정하지만 길이가 길어지면 비율이 일정하게 튀어나게 되므로 실험대 밖으로 튀어나오는 부분의 길이 또한 길어진다. 가해주는 힘은 일정하지만 실험대 밖으로 튀어나오는 부분의 길이가 길어지므로 토크가 커진다. $\tau \Delta t = \Delta L$(τ: 토크, L: 각운동량) 이므로 나무막대의 각운동량 변화도 커지므로 길이가 길어질수록 멀리 날아가는 것으로 보인다.

다음으로 실험 (2)에서는 실험대 바깥으로 나온 부분이 작을수록 멀리 날아가는 경향성을 보였다. 바깥으로 나온 부분이 작으므로 토크가 작게 걸리고, $\tau \Delta t = \Delta L$(τ: 토크, L: 각운동량) 에 의해 각운동량 증가변화량이 줄어들어서 멀리 날아가지 않는 것으로 보인다.

마지막으로 실험 (3)에서는 내리치는 막대의 속도가 빠를수록 수평 방향 비행거리가 길어지는 경향성이 나타났다. 실험 (3)의 상황을 식 ①에 적용시켜 살펴보자. 이번 경우는 Ep값과 E2값이 일정하고 E1값이 변하는 경우이다. 내리치는 막대의 속도가 빠르면 E1의 값 역시 커지게 되므로 따라서 Ek값도 커지게 된다. 따라서 내리치는 막대의 속도가 빠를수록 수평 방향 비행거리가 길어지게 된다.

VIII. 결론 및 제언

이번 Art Science 탐구 결과를 종합해 보면, 실험대 끝의 막대는 막대의 길이가 길수록, 내리치는 막대의 속도가 빠를수록 수평방향 비행 거리가 길어진다는 결론을 얻을 수 있다. 또한 실험 장치 및 기술적 미숙으로 인하여 실험대 바깥쪽으로 나온 부분과 실험대 위에 있는 부분의 비율과 비행 거리 간의 상관관계를 밝히는 실험은 두 가지 경우 밖에 하지 못하여 결론을 내리기가 더욱 어려우나, 대체로 바깥으로 나온 부분이 작을수록 멀리 날아가는 것으로 보인다. 그리고 바깥쪽으로 나온 부분에 힘을 가하는 부분이 어디쯤 위치하는지에 대한 연구는 실험 도구의 정밀성이 떨어져 수행하지 못하여 앞으로 이 부분에 대한 추가 연구가 필요할 것으로 보인다.

IX. 참고 문헌

1. Benson, H. (1998). **대학물리학**. 청문각.
2. Halliday, R. (2006). **일반물리학**. 범한서적.
3. Fowles, G. R., & Cassiday, G. L. (2001). **해석역학**. 홍릉과학.

개념정리를 위한 RHD

1. 수업에서 주가 되는 아이디어는 무엇인가?
   '역학적'인 아이디어로 자치기에 접근.
2. 중앙의 원 안에 탐구 title을 창의적으로 표현해 보라.
3. 이 다이어그램을 구성하는 동안 여러분이 가지는 **목표**를 써 보라.
   탐구에 필요한 개념들을 넣고 알기 쉽게 설명한다.
4. 학습내용의 개념이 완전히 잡히거든 개념을 7가지 이내로 표현해 보라.
   1. 탐구 가설.
   2. 이론적 배경
   3. 실험 I
   4. 실험 II. 5. 실험 III.
   6. 결과 해석.
   7. 결론.
5. 7조각의 내용을 잘 조직하여 chunk하거나 또는 요약하여 자료의 양을 줄여보라.
6. 여러분이 재구성한 정보내용과 관련하여 **상징적인 아이콘**을 각 조각에 대응시켜 그려보라.

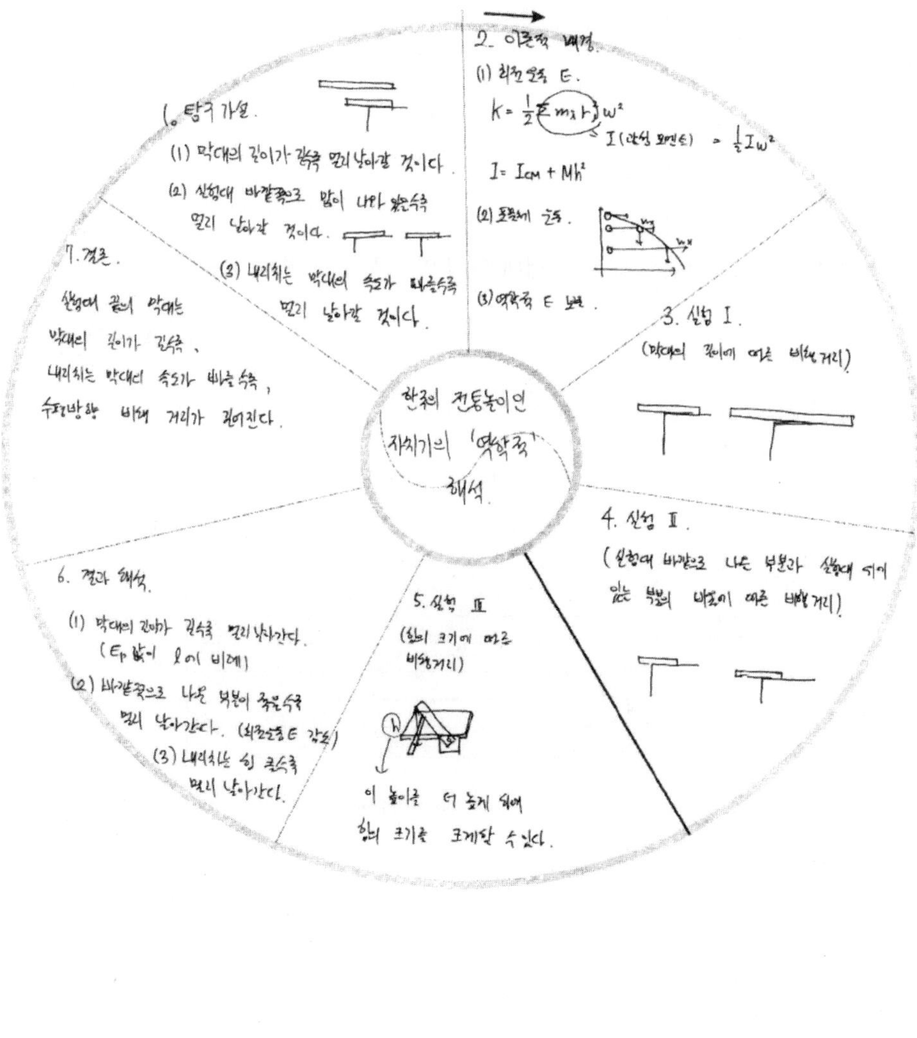

■ 부록 ■

– 실험 결과 데이터

(1) 막대의 길이

막대의 길이(cm)	6	8	10	12
날아간 거리(m)	3.000 2.842 2.948 2.463 2.364 2.863 3.030 2.842 2.627 2.892	3.094 3.166 2.968 2.648 2.436 3.047 2.933 2.816 2.850 2.902	3.306 3.294 2.990 2.959 3.118 2.783 3.171 3.042 2.943 3.005	3.416 3.660 3.141 3.288 3.350 3.294 3.048 3.018 3.211 3.348
평균	**2.787**	**2.886**	**3.061**	**3.277**

실험대 바깥쪽으로 나온 부분과 실험대 위에 있는 부분의 비율: 1:3

막대의 폭: 2 cm

막대의 두께: 0.2 cm

실험대 바깥쪽으로 나온 부분에서 힘이 가해지는 부분의 비율: 1:1

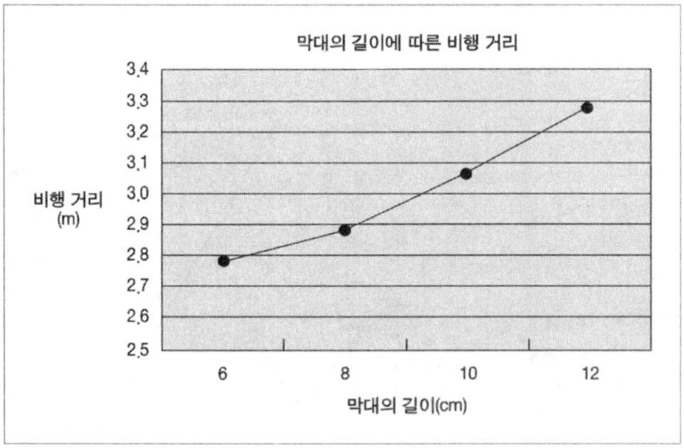

(2) 실험대 바깥쪽으로 나온 부분과 실험대 위에 있는 부분의 비율

삐져나온 부분 비율	1:2	1:3
날아간 거리(m)	2.223 1.974 1.902 2.416 1.829 1.944 2.168 2.196 1.977 2.145	3.416 3.660 3.141 3.288 3.350 3.294 3.048 3.018 3.211 3.348
평균	**2.077**	**3.277**

막대의 질량: 6.9 g

막대의 길이: 12 cm

막대의 폭: 2 cm

막대의 두께: 0.2 cm

실험대 바깥쪽으로 나온 부분에서 힘이 가해지는 부분의 비율: 1:1

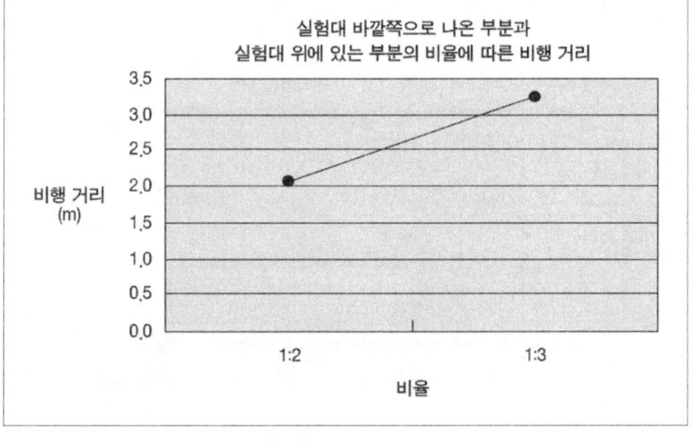

(3) 치는 막대의 속도

위치	1	3/4	2/3
날아간 거리(m)	3.416 3.660 3.141 3.288 3.350 3.294 3.048 3.018 3.211 3.348	2.365 2.190 2.163 2.452 2.202 2.336 2.368 2.361 2.296 2.610	1.674 1.492 1.664 1.910 1.991 1.905 1.454 1.468 1.514 1.760
평균	**3.277**	**2.334**	**1.683**

실험대 바깥쪽으로 나온 부분과 실험대 위에 있는 부분의 비율: 1:3

막대의 질량: 6.9 g

막대의 길이: 12 cm

막대의 폭: 2 cm

막대의 두께: 0.2 cm

실험대 바깥쪽으로 나온 부분에서 힘이 가해지는 부분의 비율: 1:1

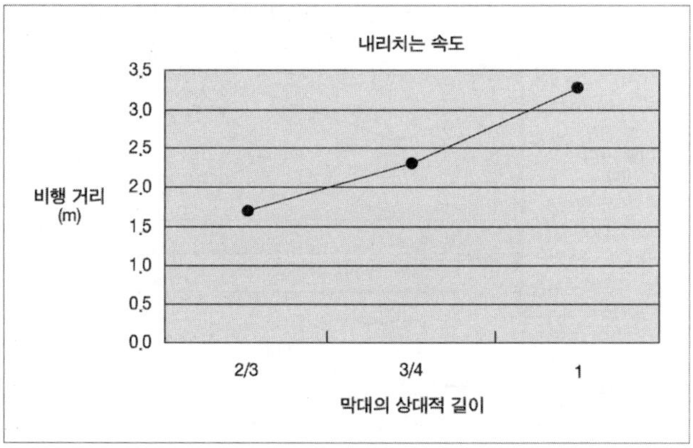

역자 소개

이미순 (uconnmisoon@gmail.com)

University of Connecticut 교육심리(철학박사, 영재교육 전공)

♣ 저 · 역서 및 논문

교육과정 압축: 우수학생을 위한 정규교육과정 수정지침(2007)
다중메뉴모델: 차별화된 교육과정 개발을 위한 실제적인 지침(2007)
영재아 행동특성 평정척도(2007)
재능개발을 위한 학교: 학교의 전반적인 개선을 위한 실제적인 계획(2007)
종합재능기록표: 영재아 판별과 교육을 위한 체계적인 계획(2007)
학습스타일 검사도구, 3판: 학생이 선호하는 교수방법 측정도구(2007)
흥미도구들: 교사용 지침(2007)
소외 영재 지도교사의 성공적인 지능 교수효능감(2006)
조기진급 및 조기졸업 유무에 따른 학업 동기와 자기조절적인 학습능력(2006)
Effects of Cultural Orientation on Psychosocial Adaptation of Korean Americans(2007) 외

심화집단: 실제세계, 학생-주도적인 학습을 위한 실질적인 지침

Enrichment Clusters: A Practical Plan for Real-World, Student-Driven Learning

인 쇄 일	2007년 6월 15일 초판 인쇄
발 행 일	2007년 6월 20일 초판 발행
저 자	Joseph S. Renzulli · Marcia Gentry · Sally M. Reis 지음
역 자	이미순 옮김
발 행 인	구본하
발 행 처	도서출판 박학사
주 소	서울시 마포구 서교동 476-53 세화회관
전 화	(02)3142-3765
팩 스	(02)3142-3766
E-mail	pakhaksa@kornet.net
웹사이트	www.pakhaksa.co.kr
등록번호	제10-2230호

정가 12,000원 ISBN 978-89-91633-37-7